本书由教育部人文社会科学研究教师在线实践社区中

与知识创新研究（13YJA880077）项目资

基于教育大数据的
教师专业成长丛书

王陆◎丛书主编

基于教育大数据的
知识发现方法与技术

王陆　马如霞 ◎ 编著

北京师范大学出版集团
BEIJING NORMAL UNIVERSITY PUBLISHING GROUP
北京师范大学出版社

图书在版编目(CIP)数据

　　基于教育大数据的知识发现方法与技术 / 王陆,马如霞编著.
—北京：北京师范大学出版社，2019.7（2020.12重印）
　（基于教育大数据的教师专业成长丛书）
　ISBN 978-7-303-23933-7

　　Ⅰ.①课… Ⅱ.①王…②马… Ⅲ.①互联网络－应用－
教育方法－研究 Ⅳ.①G4-39

　　中国版本图书馆 CIP 数据核字(2018)第 160345 号

出版发行：北京师范大学出版社　www.bnup.com
　　　　　北京市西城区新街口外大街 12-3 号
　　　　　邮政编码：100088
印　　刷：天津旭非印刷有限公司
经　　销：全国新华书店
开　　本：730 mm×980 mm　1/16
印　　张：13.25
字　　数：180 千字
版　　次：2019 年 7 月第 1 版
印　　次：2020 年 12 月第 2 次印刷
定　　价：30.00 元

策划编辑：林　子　　　　　责任编辑：王星星
美术编辑：焦　丽　　　　　装帧设计：焦　丽
责任校对：李云虎　　　　　责任印制：陈　涛

内容介绍

知识发现（Knowledge Discovery）源于人工智能和机器学习，是机器学习、人工智能、数据库和知识库等众多研究领域相互融合而形成的具有交叉学科特色的新的研究领域。本书作为一本系统介绍基于教育大数据的知识发现的学术专著，其阅读对象定位在从事教育技术领域研究的专业人员、教育技术学硕士研究生或博士研究生，以及相关教育信息化企业的研究者。

本书作为教育部人文社会科学研究"教师在线实践社区中的知识管理与知识创新研究（13YJA880077）"项目资助的研究成果，以教师在线实践社区（The Teacher's Online Communities Of Practice，简称 TOCOP）为基本的研究情境，采用科学研究第四范式（the Fourth Paradigm），即数据密集型发现（Data-Intensive Scientific Discovery）范式，以课堂教学行为大数据和实践性知识两类基础性教育大数据为例，结合具体的研究案例，为读者介绍了典型的基于教育大数据的知识发现方法与技术。

全书共分为六个章节。第一章是全书的背景知识，主要介绍了以教师在线实践社区为背景的教育大数据及基于大数据的教育研究。第二章是大数据的知识发现方法与技术的基本框架，包括相关的基本概念、过程与方法等内容。第三章至第五章是本书的核心部分，以具体案例为依托，详细介绍了课堂教学行为大数据的知识发现方法与技术，优秀教师特质的知识发现方法与技术，以及教师在线实践社区中的知识转移发现的方法与技术。第六章结合当前大数据知识发现的发展趋势和面对的挑战进行了总结与展望。

本书也可以作为教育技术学硕士研究生及博士研究生相关课程的教学参考用书。

丛书总序

2012年北京师范大学出版社出版了由我任总主编的远程校本研修丛书，包括《课堂观察方法与技术》《教学反思方法与技术》和《教师网络研修活动设计方法与技术》三本著作。这三本著作以2009年以来由我任课题负责人所做的教师在线实践社区项目（简称"靠谱COP项目"）和由我任首席专家的"国培计划（2011）中小学骨干教师研修项目"中的高中数学集中培训与远程校本研修一体化试点项目（简称"一体化项目"）的研究实践及研究案例为基础，勾画出了以课堂教学行为大数据为基础的教师混合式研修的新方法与新技术，出版7年来，该套丛书受到了广大读者的高度好评和喜爱。

时光荏苒，岁月如梭，转瞬已经过去了7年。随着科学技术的迅猛发展，信息时代教育治理的新模式，以及"互联网＋"的人才培养模式正在成为研究的焦点，从应用切入深度融合的教育信息化2.0时代已经来临。在这7年中，我们以课堂为研究田野，我所领导的科研团队也通过在全国17个省、近300所学校，面向近1万名教师的深入课堂和深入学校的研究中，逐渐完善起基于课堂教学行为大数据的研究方法论，在原有远程校本研修丛书的基础上，进行了继承性创新，补充了大量的研究实例和研究数据，提出了更多的研究方法，形成了这套基于教育大数据的教师专业成长丛书，包括《基于课堂教学行为大数据的课堂观察方法与技术》《基于课堂教学行为大数据的教学反思方法与技术》《教师网络研修活动设计方法与技术》和《基于教育大数据的知识发现方法与技术》四本著作。

在这 7 年中，伴随我们在中小学开展的课堂教学行为大数据的深入研究，我们无时无刻不感受着古德和布罗菲所说的课堂之美：课堂是质朴的、守成的、思辨的、分析的、批判的、创新的、激昂的；课堂是思想生命的火花的碰撞与展现，是情不自禁从灵魂深处流露出的不断滋润精神之园的甘泉的发源地(Good & Brophy，2017)。我们享受着研究带来的深层快乐，我们也深刻地感悟着课堂的复杂多变性：共时性、不可预料性、错综复杂性、非间接性和公开性，迎接着一个接一个研究难题的挑战。

虽然，大数据目前还没有一个全球公认的定义，作为这套丛书的总主编，我认为，大数据即海量的资料，指的是专业领域中所创造的大量非结构化和半结构化数据。大数据具有 4 个特点：大容量(Volume)、多样性(Variety)、高速度(Velocity)和多维价值(Value)(简称"4V")。正如大数据的定义一样，课堂教学行为大数据目前也不存在一个公认的定义。但是，我想可以借用我们对大数据的认识，对课堂教学行为大数据做一个定义，课堂教学行为大数据是指，在课堂情境中，伴随教与学过程而产生的大规模、多样性，蕴含了丰富的教与学含义的非结构化与半结构化的特殊数据集合。经过 19 年的课堂教学行为大数据的研究，我们发现，目前中小学课堂中的教学行为大数据共有 4 种类型：模式数据、关系数据、结构数据和行为数据。模式数据是指反映教学模式要素及要素之间关系的数据。关系数据是指反映课堂中行动者之间的相互关系结构的数据。结构数据是指反映为完成一定的教学目标，构成教学的诸因素在时间、空间方面所呈现的比较稳定的倾向及流程的数据。行为数据是指反映教与学行为主体特征的数据。

自从 2000 年我决定率领团队开始进行课堂教学行为大数据研究至今，已经过了整整 19 个年头。19 年来，我们在深入中小学课堂，与中小学教师组成密切研究共同体的过程中，越来越清晰地感受到，只有当教师具体的教学行为在课堂教学行为大数据中清晰可见且被条分缕析时，只有当教师拥有了对课堂行为的描述和表达能力并建立起概念系统时，教师才会增强其对课堂中所发生的所有事情的认识，也才真的会发生行动中反思和行动后反思。

课堂教学行为大数据是一种无形资产，是教师和学校专业发展的重要资源。2016 年 10 月 13 日《光明日报》整版报道了我们的研究，并且在"编者按"中指出：大数据时代，来自课堂教学行为的大数据，不仅可以帮助我们清晰地认识不同教育发展水平的地区教师课堂教学行为的差异与特点，从而助力中等和薄弱地区的学校与教师通过改进课堂教学行为实现课堂教学质量的提高；同时，课堂教学行为大数据还可以促进优质教育区域更快地总结概括出课堂教学的优秀经验和优秀教师的实践性知识，从而实现教育优质资源在知识层面的共享与传播，助力教育均衡化发展。

正如《大数据时代》一书的作者所说，互联网世界的变化速度与日俱增，但万变之中有一点不曾变过，就是通过互联网，大数据将改变一切，可能超越我们所有人的想象。课堂教学行为大数据透视出的不仅仅是本套丛书中提到的各种现实问题，也为撬动教育供给侧的改革提供了思路。运用大数据分析方法与技术，寻找到教育教学中的真正短板，开发出面向广大中小学教师的专业发展公共服务，有效推进教师培训与研修的结构调整，矫正相关要素的配置扭曲，提高教师专业学习与培训研修的供给结构，有的放矢地实施供给侧改革是我们"靠谱 COP"团队的责任与愿景。我们坚信，课堂教学行为大数据将在教师教育供给侧改革中扮演越来越重要的角色。

本套丛书由首都师范大学博士生导师、"靠谱 COP"联盟首席专家王陆教授进行总体设计。同时，王陆教授与张敏霞副教授共同担任了《基于课堂教学行为大数据的课堂观察方法与技术》及《基于课堂教学行为大数据的教学反思方法与技术》两本书的作者，并负责《基于课堂教学行为大数据的教学反思方法与技术》一书的统稿工作；王陆教授与马如霞副教授一起担任了《基于教育大数据的知识发现方法与技术》一书的作者。张敏霞副教授负责《基于课堂教学行为大数据的课堂观察方法与技术》的统稿工作。首都师范大学杨卉教授与冯涛副教授担任了《教师网络研修活动设计方法与技术》一书的作者。首都师范大学的硕士研究生房彬、刘霜和罗一萍同学参与了《基于课堂教学行为大数据的课堂观察方法与技术》一书的编写工作；中央电化教育馆的张静然副研究员及首都师范大学的硕士研究生张薇、刘文彬、马晔和林子同学参与了《基于课堂教学行为大数据的教学反思方法与技术》一书的编写工作，其中张静然同志还参与了《基于课堂教学行为大数据的教学反思方法与技术》一书的统稿工作；首都师范大学的硕士研究生张莉、耿雪和李爽同学参与了《教师网络研修活动设计方法与技术》一书的编写工作，北京优学社教育咨询服务有限公司的数据分析工程师彭劼老师、首都师范大学的张敏霞副教授、首都师范大学的博士研究生张薇及三位硕士研究生李瑶、李旭和任艺参与了《基于教育大数据的知识发现方法与技术》部分撰写工作。

感谢在首都师范大学现代教育技术重点实验室做国内访问学者、来自内蒙古农业大学外语学院的陈金凤副教授，陈金凤副教授参加了本次丛书再版的修订工作，为本书的再版工作付出了智慧和辛勤的劳动。感谢北京优学社教育咨询服务有限公司对本套丛书修订工作的支持。

感谢首都师范大学教育技术系董乐老师、司治国老师对本套丛书撰写所提供技术上的各种支持与精神上的热情鼓励，感谢北京优学社教育咨询服务有限公司的工程师王鹏，有你们的无私陪伴与幕后奉献，才使得我们这个团队能够不断向前。感谢参与"国培计划（2011）"中小学骨干教师研修项目中的高中数学集中培训与远程校本研修一体化试点项目的全体老师，感谢参与"靠谱COP"项目的全体老师，是你们的智慧贡献和全力投入才使得我们能拥有今天的成果与成绩，你们的课堂绩效改进和学生的进步一直是我们最大的心愿。也要衷心感谢参与"一体化项目"和"靠谱COP"项目的全体助学者同学们，是你们的创造性工作才使得我们这个共同体生机勃勃，不断焕发出年轻生命的动人活力。

本书之所以能够顺利完成，还应该感谢北京师范大学出版集团北京京师普教文化传媒有限公司栾学东董事长的亲自指导和大力帮助，以及对本套丛书作者的关怀与理解。本套丛书的责任编辑林子，作为曾经担任过 3 年"靠谱 COP 项目"的助学者，满怀热情地投入本套丛书的策划与实施工作中，认真、细致、严谨地完成了书稿的各项编辑工作，使得本套丛书能够顺利出版。

　　本套丛书参考与引用了国内外大量的资料，其中的主要来源已在参考文献目录中列出，如有遗漏，恳请原谅。由于作者经验与学识所限，加上时间紧迫，书中谬误之处在所难免，欢迎读者指正。

王陆于北京

前　　言

　　知识到底是什么，目前仍然存有争议。然而，著名管理学者彼得·德鲁克（Peter Drucker）早在 1965 年就预言："知识将取代土地、劳动、资本与机器设备，成为最重要的生产因素。"目前，哲学视角的知识观认为"所谓知识，是客观事物的属性与联系的反映，是客观世界在人脑中的主观映像，可以分为感性知识和理性知识"。认识论视角的知识观认为，知识具有显性知识和隐性知识两种不同的知识种类。存在论视角的知识观认为，知识具有 4 个层次：个体知识、团队知识、组织知识和跨组织（interorganization）知识，其中个体知识是最根本的知识，是其他各个层次知识的基础。

　　教师的专业发展要以实现教师的实践性知识发展和课堂教学实践行为的改进为目标。为此，教师网络研修活动必须为发展教师的实践性知识和课堂教学实践行为的改进提供必要的支持与助力。由于教师的实践性知识以隐性知识为主，不能以正规的形式加以传递，而是需要通过非正式途径进行知识共享和知识创新而获得，因此，教师在线实践社区（The Teacher's Online Communities of Practice，简称靠谱 COP）作为一般传统教师网络研修的补充和发展便应运而生了。

　　知识具有波粒二象性。当我们在对知识进行分类、组织甚至测度时，知识具有实体的性质，并且具有"粒子"的属性；而在对知识进行创造、提高及应用的持续过程中，知识又具有了过程的性质，即"波"的属性。知识的波粒二象性并不是相互对立的，而是相互依存和统一的。作为实体的知识粒子是作为过程知识波的内容、载体和对象，因此，没有作为粒子的知识实体存在，就不会有可以传播流动的知识波，也就不会发生知识的传播、转移、共享与创造。同样，如果没有作为过程的知识波存在，作为实体的知识也就无法发挥作用，同样也不会发生知识的传播、转移、共享与创造。

一般的教师网络研修以教师的学科取向的显性知识发展为主，注重知识作为"粒子"的实体属性，即注重将庞大的教师知识体系逐一分解为最小的不可再分的知识粒子，也就是知识点，并由此利用知识的粒子特征及其可继承性的特点，设计一系列以识记、理解、应用、分析、评估为目标的网络学习活动。一般作为教师网络研修的培训专家或在线主讲教师及在线辅导教师，在教师网络研修中所做的大量工作是针对已经脱离教师思维空间，并以其他形式运动的知识，即静态知识，进行知识内容的管理工作。教师在线实践社区与一般的教师网络研修不同，它更注重知识的"波"属性，是以教师的实践性知识这种隐性知识为核心的。因而，教师在线实践社区不仅为知识波的流动提供了"知识收集→知识编码→知识转移与扩散→知识共享与交流→知识创新"等由一系列互不相同但又相互关联的研修活动所构成的知识价值链，还提供了基于知识价值链的、连接教师不同群体与外部组织知识的，如大学的教师教育专家等外部组织的知识、经验和技能等，最终形成了复杂的教师知识网络。故教师在线实践社区不仅可以汇聚大量的教师课堂教学行为大数据和教师实践性知识大数据，还可以促使教师的实践性知识迅速增长，从而涌现出众多的知识创新成果。

伴随着教师在线实践社区中教师课堂教学行为大数据和实践性知识大数据迅猛增长，传统的网络研修平台的信息服务体制和服务方式已经完全不能满足教师的知识管理需求，迫切需要以数据挖掘和数据分析为基础，通过现代技术手段将资源整合、知识发现、信息推送融为一体的知识发现服务。为此，本书所涉及的众多研究案例就一一诞生了。

本书由首都师范大学博士生导师、靠谱 COP 联盟首席专家王陆教授进行总体设计。王陆教授同时还与马如霞博士共同担任主编，负责全书的统稿工作，同时完成了第一章、第三章、第四章的书稿撰写。马如霞博士与彭功老师共同撰写了本书的第二章和第六章的内容。张敏霞副教授撰写了本书第五章的内容。张薇博士研究生及李瑶、李旭和任艺三位硕士研究生分别参与了第一章和第四章部分内容的撰写工作。

　　感谢多年来担任教师在线实践社区项目指导教师的杨卉教授、冯红副教授、冯涛副教授、王彩霞副教授、董乐老师及司治国老师等，以及靠谱COP联盟的陈莉理事长、王鹏老师和赵炜老师等对本书撰写所提供的技术上的各种支持与精神上的热情鼓励，因为有你们的无私陪伴与奉献，靠谱COP团队才能够不断向前。感谢来自全国15个省近300多所参与教师在线实践社区项目的中小学的研修教师，是你们多年来的知识与智慧的贡献，才使得我们能够拥有今天的研究成果，你们的实践性知识增长和课堂教学实践行为的改进是我们最大的期盼与心愿。也要衷心感谢参与教师在线实践社区项目的全体同学，是你们创造性的工作，才使得我们这个学习共同体生机勃勃，不断焕发出年轻生命的动人活力。

　　本书之所以能够顺利完成，还应该感谢北京师范大学出版社的栾学东副总编辑的亲自指导和大力帮助。本书的策划编辑林子，作为曾经担任过三年教师在线实践社区项目的助学者，满怀热情地投入本书的策划中，认真、细致、严谨地完成了书稿的各项编辑工作，使得本书能够顺利出版。

　　本书参考并引用了国内外大量的资料，其中的主要来源已在参考文献目录中列出，如有遗漏，恳请原谅。由于作者经验与学识所限，加上时间紧迫，书中谬误之处在所难免，欢迎读者指正。

王陆

于北京

2017 年 11 月 22 日

目　　录

第3章　课堂教学行为大数据的知识发现

第4章　优秀教师的特质发现

第1章 教师在线实践社区中的大数据

目前世界范围内对教师专业学习的研究领域仅仅处于起步阶段，但在最近大约 20 年的时间里，已经取得了巨大的进展，并且已有证据显示教师的专业学习与专业化发展能够有助于提高教师的教学实践和学生的学习。教师在线实践社区作为一种教师专业学习的理想学习环境，日益蓬勃发展，并引起众多研究者的高度关注。在从事教师在线实践社区的理论研究与实践的 18 年中，作者团队一直认为：教师在线实践社区是由教师、专家及助学者所组成的一种正式学习与非正式学习相混合的学习系统，是一种由专业人员提供基于大数据的专业知识发现服务的学习型组织，也是一种聚焦教师知识的新的知识管理与知识创生的新途径。

1.1 教师在线实践社区

1.1.1 教师在线实践社区的内涵

教师在线实践社区的最初概念是解决发生在面对面情况下的学习问题。老师在线实践社区是一种支持成人通过日常的社会实践学习而不是聚焦有意设计的课程来支持学习的学习环境，是一种正式学习与非正式学习相混合的系统（Wenger，1998；Wenger，2001）。在过去的 10 年中，由于实践社区在教师专业发展中具有独特的不可替代性，所以许多国家都在教育改革和教师培训项目中花费了大量的精力和财力来创造和支持可持续发展的、可扩展的基于网络的教育实践社区(Schlager et al.，2003)。

教师在线实践社区以建构主义和社会建构主义学习理论为基础(Vrasidas et al.，2004；Hewitt，2005)。温格(Wenger)等人对实践社区的定义是(Wenger et al.，2002)：实践社区是一个社会学习系统，一群人在这个系统中共同努力分享他们的兴趣并从事增进联系的集体学习。温格等人还指出，随着网络技术的普及与应用，借助网络而发展的分布式在线实践社区已经开始形成。

教师在线实践社区与通常意义的 E-learning 学习环境非常不同，它基于人类学的角度，联结了正式学习与非正式学习，专门用于支持成人通过每天的社会实践来进行反思性实践式的学习(Gray，2004)。

教师在线实践社区与其他学习社区存在三个方面的区别(Wenger，2001)：领域、共同体和实践。其中，领域是指社区成员聚焦于一个共同感兴趣的领域，并通过成员在这个领域的能力与知识水平来区分彼此的身份，如区分老手与新手；共同体是指人们彼此围绕某个领域建立起的联系，如共同的活动与讨论，或者帮助别人分享信息进行共同学习等；实践是指成员之间发展共同的知识资源库，如经验、故事、实践经历以及解决问题的办法等，并由此成为社区成员之间共同的知识基础，以及当遇到新情况时可以借鉴的新的实践性知识。

教师在线实践社区与学习团队也存在明显的不同。温格(Wenger，2010)指出：实践社区与团队的不同之处在于实践社区成员间共有的知识和兴趣是将社区成员组织在一起的纽带，实践社区是由知识而不是任务定义的，实践社区之所以存在是因为参与的成员能有收获，实践社区的生命周期是由它能提供给成员的利益决定的，而不是预先设定的，实践社区不以任务的开始而形成，也不以任务的结束而解散，它需要经过一段时间才能产生。

教师的专业化发展可以被看作一个社会化的组织系统，实践社区通过聚焦教师的专业学习、同侪合作与反思性对话等特征，为教师专业化发展提供社会和规范的支持。已有研究者指出，大的专业发展社区非常有助于教学的改进和学校的改革，对教师的专业发展可以起到直接的作用(Little，Gearhart & Curry et al.，2003)。

　　教师在线实践社区是由教师、专家及助学者所组成的非正式学习系统，是一种由专业人员提供基于大数据的专业知识发现服务的学习型组织，它通过聚焦教师的专业学习、同侪合作与反思性对话，分享教师们的教学改进形式、价值观、工具和职责等，为教师专业化发展提供社会的、规范的、持续不断的学习支持服务。自 2008 年起，作者及其团队开始全身心投入面向我国中小学教师专业发展的在线实践社区的系列研究中，先后设计开发了教师在线实践社区的网络支撑平台及 12 类专业发展支持服务，并在山东省、四川省、北京市、广东省四个地区开展了为期三年的反思性实践。

1.1.2　教师在线实践社区的特征

　　随着网络技术的不断发展，在线实践社区不仅作为一种非正式学习的工具，而且还有效地连接起了社区成员的工作场所与学习场所。社区成员主要通过分享故事和讨论问题来进行学习，他们甚至仅仅通过"潜水"或者靠阅读网上的帖子了解他人的想法来学习，而并不共享自己的力量。社区成员通过这种分享学习，不仅学会了工作中的复杂技术，而且学会了专业术语和专业行为(Wenger，1998)。实践社区中的学习不是一些特殊机构在特殊场合提供的特殊行为，而是持续的日常工作的一部分(Lave，1992)，这与大数据研究中的全数据概念非常吻合(张洪孟，胡凡刚，2015)。

　　教师在线实践社区作为一种特殊的在线实践社区，在生命周期、演变类型和发展关键等方面遵循实践社区的发展与演化规律。

　　温格用图 1-1 向人们展示了实践社区从萌芽期、生长期、成熟期、半衰期到衰退期的生命周期，即实践社区的发展与演化过程。在实践社区的生命周期中，共存在 5 个典型的阶段。

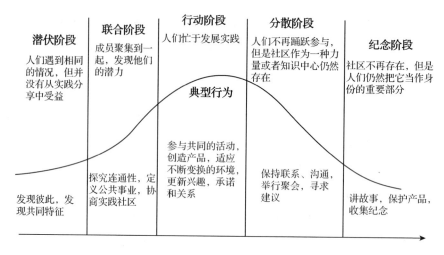

图 1-1 实践社区的生命周期示意图（Wenger，2010）

潜伏阶段的实践社区属于实践社区的萌芽期，在此阶段中实践社区尚未形成，一些潜在的社区成员相遇并且发现彼此具有的共同特征，但他们并没有从实践分享中受益。联合阶段的实践社区属于生长期，在此阶段中实践社区开始形成并得到发展与壮大，社区成员们彼此认同并定义公共的实践领域与社区的规则，实践社区也开始发展和吸引更多的成员，并具有了一定的规模。行动阶段的实践社区属于实践社区的成熟期，此阶段为实践社区的顶峰，实践社区中的教师、地区领导者以及外部的专业化发展促进成员等各个利益相关群体作为社区成员在一起工作，并通过合作、交流、建立相互信任的关系，分享教学改进的形式、价值观、工具和职责，此时教学的改进与教师的专业成长就会发生（Elmore，2000）。分散阶段的实践社区属于实践社区的半衰期，在此阶段中社区成员不再踊跃参与，但社区仍然作为一种力量或知识中心存在着，成员之间还保持着较高的联系与沟通。纪念阶段的实践社区属于实践社区的衰退期，在此阶段中社区不再存在，但是人们会仍然把社区当作身份的重要部分。

实践社区所显示出的生命周期，是一种实践社区发展与演化的宏观过程，其实质是由于实践社区成员个体不断在相互信任的前提下缔结关系并进行资源交换的微观过程的一种反映，社区成员之间的关系缔结与资源交换是实践社区的微观发展与演变过程，也是整个实践社区的发展与演变的基础，更是实践社区蕴含丰富大数据的根本原因。

马汀·奇达夫(Martin Kilduff)和蔡文彬(Wenpin Tsai)曾经提出过社会网络具有目标主导和偶得主导两种迥然不同的演变过程(马汀·奇达夫，蔡文彬，2007)。作者认为，由于教师在线实践社区中的成员都具有明确的共享目标，因而教师在线实践社区具有明确的目的性和工具性；教师在线实践社区通常也是具有明确肩负管理责任的实体，因而也比较容易快速地被建立起来。因此，判断一个教师在线实践社区究竟属于目标主导型的演变过程还是属于偶得主导型的演变过程，关键是看实践社区是否拥有强有力的核心人物，即较强的社区结构动力，以及是否存在若干个凝聚子群和拥有恰当的冲突机制(王陆，2009)。当实践社区出现了典型的"核心—边缘"结构、大量的凝聚子群，以及所有成员都倾向于进行整体互动而非子群内的互动时，目标主导型的教师在线实践社区就形成了。

根据作者对虚拟学习社区社会网络的前期研究发现，目标主导型的教师在线实践社区是一种高专业化、高品质且高自治力的社区(王陆，张敏霞，2011)，如果某个教师在线实践社区是目标主导型的实践社区，那么这个教师在线实践社区将会在教师专业发展过程中扮演催化剂的角色(Smylie et al.，2001)。

根据作者针对教师在线实践社区近 10 年的研究与反思性实践发现，一个教师在线实践社区能够得以发展壮大，其发展的关键点位于实践社区的生长期与成熟期的交界处，即教师在线实践社区从联合阶段向行动阶段的发展与演化过程。为此，作者及其同事提出了一种基于教师凝聚子群的三层远程合作学习圈模型，用于支持教师在线实践社区的顺利发展与演化，渡过关键点(王陆，张敏霞，2011)。基于教师凝聚子群的三层远程合作学习圈模型中的第一层学习圈是以凝聚子群为单位的学习圈，也是整个学习圈中最小的基础单位，这一层学习圈的形成代表教师在线实践社区顺利完成了联合阶段，开始进入行动阶段。第二层学习圈则需要建立在第一层学习圈的基础之上，是一种以若干个凝聚子群学习圈为基础，面向反思性实践的更大范围的学习圈，这层学习圈的形成需要借助"外力"，一般是由网上的研修指导专家与助学者一起通过精心设计的网络研修活动作为"外力"形成的。这意味着此时教师在线实践社区如果要跨越关键点进入行动阶段，需要在"外力"的推动下才可以实现。第三层学习圈建立在第二层学习圈的基础之上，涵盖了实践社区中的所有成员，这层学习圈的形成是依靠实践社区全体成员的自治与专业发展的内驱力而形成的，标志着此时教师实践社区已经进入行动阶段，即进入成熟期。

实践社区中具备非常显著的非正式学习特点。所谓非正式学习，是指社区成员通过多种方式参与活动，成员们共同发展系列共享的故事与案例，并以此作为动态的知识资源来开展各自的实践活动（Gray，2004）。网络学习加强了非正式数字化学习的重要性，并且帮助我们迎来了学习与工作、学习与沟通、学习与娱乐之间的统一（Mason，2002）。与专业发展相关的非正式学习一般均与工作密切相关：这类非正式学习可能被用人单位正式地安排进一个项目或课程中，需要进行大量学习及交互，如同事之间的交互、工作经验的交互及基于特殊关系的一对一交互（如师徒交互）等。非正式学习需要学习者掌握信息检索与知识建构技能，梅森（Mason）总结了非正式数字化学习与其他学习形式之间的对比，如表 1-1 所示。

表 1-1　非正式数字化学习与其他学习形式的对比（Mason，2002）

基于网络的培训	有支持功能的在线学习	非正式数字化学习
关注内容	关注学习者	关注团队
以传递为驱动	以活动为驱动	以实践为驱动
个人学习	小组学习	组织化学习
与指导者的最小交互	与指导者的显著交互	参与者同时作为学习者和指导者
与其他学习者无合作	与其他学习者有可观的交互	参与者间多种合作交互方式

　　由表 1-1 可见，在线技术通过使实践社区建构自己的资源密集型非正式专业发展活动，如指导或培训等，为社区发展提供支持（Schlager et al.，2003），这是实践社区组织非正式学习的巨大潜力所在。

　　实践社区有多种水平和类型的实践活动。新手在实践社区中逐渐获得的知识与技能，就如同他们在日常工作中向专家们的学习，是一种合法的边缘性参与式学习（Gray，2004）。在任何时候，参与实践社区的成员可能会是一个实践社区的核心参与者，但同时在另一个实践社区中却是边缘参与者，并且所有人均可以在核心与边缘之间来回移动。所有实践社区中的参与，即使是边缘性参与，也被认为是合法的学习，并且社区成员通过参与，不仅学会了如何做事，而且学会了如何做人（Gray，2004）。

　　教师在线实践社区中的学习活动包括正式学习活动与非正式学习活动，是一种学习、工作与研究三位一体的活动行为，它遵循了"实践与反思""交流与合作""引领与创新"三个基本策略，与个人隐性知识的社会化、组织知识的内化、个人隐性知识的组合及组织内的知识外化等密切相关。正如 Mason 所指出的：教师在线实践社区不同于其他技术对教师学习的影响，教师在线实践社区的影响和它的扩展速度对于其成员来说，是提高在线学习过程中针对每一个知识点的深入实践（Mason，2002）。

　　教师在线实践社区对任何组织的运作都很重要，但是只有对于那些认为知识是最重要资产的组织的实践社区才起决定性作用（Wenger，2010）。影响教师在线实践社区成功的因素可以归结为以下三点。

　　第一，共同利益与共享资源。共同利益的特点和共享共同利益的目标是教师在线实践社区成功的重要因素（Hewitt，2005；Lock，2006；Glazer，Hannafin ＆ Song，et al.，2005）。一个教师在线实践社区的好处是能够提高教师的能力与灵活性来共享、再利用或修改工作场所的资源，例如，共享、再利用或修改教师的教案等（Schlager et al.，2003）。共同利益明确，且共享资源丰富的教师在线实践社区都具有高目标主导的特征，也使得这类教师在线实践社区可以顺利度过生命周期中的关键期，成为一个成熟的教师在线实践社区。

第二，社会互动与积极参与。教师在线实践社区中社会互动的基础是成员们的共同利益和存在的问题（Lock，2006）。为此，教师在线实践社区中会有许多人感到对他人负有责任，这一特点对教师在线实践社区的参与是一种动力因素与激励因素（Henderson，2007）。因此，尽管社会互动有可能并没有直接关系到教师专业发展的内容或实践性知识的积累，但是它对实践社区的建设与建立信任是高度重要的（Hewitt，2005）。教师在线实践社区中有多种参与形式，包括合法的边缘性参与等（Glazer，Hannafin & Song et al.，2005）。教师在线实践社区成员通过网上发布信息和应对讨论，在教师在线实践社区中创造社会存在感（Klecka et al.，2005）。一个充满活力的教师在线实践社区一定会包含有价值的、活泼的讨论和拥有积极的、持续的、热情的对话及核心组成员（Chalmers & Keown，2006）。故有研究者指出，社会互动是教师在线实践社区中不断参与的最强指标（Henderson，2007），另一些研究也发现，参与教师在线实践社区是教师有效的和持续的专业化发展不可或缺的重要因素（Schlager et al.，2003）。

第三，分享与协作。教师在线实践社区基础结构必须基于社区成员的事业及先前的工作经历，不仅需要为社区成员们的具体活动小组的形成过程提供技术支持，还必须为从小组到大团体的知识迁移提供技术支持（Schlager et al.，2003）。

教师非常渴望有目的的专业对话（Forrester，Motteram & Bangxiang，2006）。网上讨论的异步特征能够促进教师对以前的观念和公共的思想进行更深入的反思（Hewitt，2005）。使用以技术为支撑的教师在线实践社区能够为新手教师提供支持，并给他们提供一个合作与反思的媒介，从而减少他们与其他教师的隔阂（Klecka，Clift & Cheng，2005）。实际上教师在线实践社区可以通过技术帮助教师进行彼此的连接，使教师之间及与外部专家之间的协作更容易（Dexter，Seashore & Anderson，2002；Sherer et al.，2003）。

教师在线实践社区中的教师们通常认为发现引导性的反思和讨论是很有价值且有必要的，他们乐于倾听其他教师的观点，并认为他们知识渊博，而这样的讨论也会引起教师的自我反思，有时会使参与的教师重新考虑自己的实践理念与实践视角（Chalmers & Keown，2006）。分享与协作的实现，需要教师在线实践社区能够提供一些专门的技术支持工具，如协作工具、反思工具和知识建构工具等（Vrasidas & Iembylas，2004），这也体现了技术支持下的教师专业发展的鲜明特点。

1.2　教育大数据

1.2.1　教育大数据的内涵

大数据通常是指专业领域中的巨量资料，特指专业领域中所创造的大量非结构化和半结构化数据。所谓非结构化和半结构化的数据即无法直接存储在关系型数据库中的数据。

大数据技术描述了一个技术和体系的新时代，被设计于从大规模多样化的数据中通过高速捕获、发现和分析技术提取数据的价值（Gantz & Reinsel，2011）。故大数据的核心特征常常被概括为"4V"特征（严霄凤，张德馨，2013）：第一，大容量（Volume），一般认为大数据应该在万亿字节 TB 级、千万亿字节 PB 或十万亿亿字节 ZB 的容量以上；第二，多样性（Variety），大数据往往来自多种数据源，数据种类和数据格式都冲破了以前所限定的结构化数据范畴，囊括了半结构化和非结构化数据，如视频数据和音频数据等；第三，高速度（Velocity），包含大量在线和实时数据分析处理的需求；第四，高价值低密度（Value），如以视频数据为例，连续不间断的视频监控大数据，具有极高的价值，但可能有用的数据仅一两秒钟。大数据可进一步细分为大数据科学（Big Data Science）和大数据框架（Big Data Frameworks）。

大数据时代的来临使数据从原本的记录符号转变为具有巨大延伸价值的资源，数据成为一种新的财富（张燕南，2016）。与土地、能源等易消耗的传统财富不同的是，大数据可以交叉复用，具有"取之不尽，用之不竭"的特性，因此是"真正的可持续利用的资源"（黄欣荣，2015）。

在国外，以美国联邦政府教育部技术办公室 2012 年 4 月 10 日发布的《通过教育数据挖掘和学习分析改进教与学：问题简介》为代表，对教育大数据的应用做了具体描述：在教育中有两个特定的领域会用到大数据，即教育数据挖掘和学习分析（Bienkowski，Feng & Means，2012）。大数据的挖掘是指从海量、不完全的、有噪声的、模糊的、随机的大型数据库中发现隐含在其中有价值的、潜在有用的信息和知识的过程，也是一种决策支持过程（张迪，2015）。教育数据挖掘应用统计学、机器学习和数据挖掘的技术与开发方法，对教学和学习过程中收集的数据进行系统分析，其结果是以知识发现服务优化教与学的过程。在如今海量数据不断产生的时代，数据挖掘技术是我们不需要预先做出假设，可以直接进行数据分析，从中得到新的知识或规律的技术。通过数据挖掘技术，这种新的科学研究范式也促使研究人员在进行分析研究时从定性分析为主的传统分析方法向定量分析为主的分析模式转变（徐超，2017）。学习分析应用从信息科学、社会学、心理学、统计学、机器学习和数据挖掘的技术方面，分析从教育管理和教与学过程中所收集的过程性数据，其结果是以知识发现服务，支持学生的个性化学习过程与教师的个性化教学过程。

在国内，以首都师范大学王陆教授团队所开展的长达 18 年的"TOCOP"项目为代表，聚焦课堂教学行为大数据，开展了系列研究，并取得了较为丰硕的成果。课堂教学行为大数据是指在课堂情境中，伴随教与学过程而产生的大规模、多样性、蕴含了丰富的教与学含义的非结构化与半结构化的特殊数据集合。目前课堂教学行为大数据具有典型的模式数据、关系数据、结构数据和行为数据共 4 种类型，如表 1-2 所示。

表 1-2　4 种典型的课堂教学行为大数据

数据类型	数据意义
模式数据	反映教学模式要素及要素之间的关系
关系数据	反映课堂中行动者之间的相互关系结构
结构数据	反映为完成一定的教学目标、构成教学的诸因素，在时间、空间方面所呈现的比较稳定的倾向与流程
行为数据	反映教与学行为主体的行为特征

王陆教授及其科研各团队长达 18 年的课堂教学行为大数据的分析研究成果显示，针对课堂教学行为大数据的分析方法包括数据采集、数据存储、数据分析、数据表达和应用服务 5 个阶段，其过程与原理示意如图 1-2 所示。

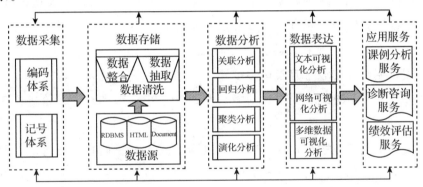

图 1-2　课堂教学行为大数据的分析方法

图 1-2 所示的课堂教学行为大数据的分析方法不是一个线性的分析过程，而是一个典型的多分支与多重迭代的复杂处理过程。通过对课堂教学行为大数据的深入挖掘，已经可以获得如"课堂大数据视角下的提问倾向"（王陆，蔡荣啸，2016），"课堂教学行为大数据透视下的教学现象探析"（王陆等，2017）等教育教学规律的知识发现。

1.2.2　大数据时代教育的变革

2012年3月底，美国总统奥巴马宣布，白宫将投入2亿美金的研发费用来推动大数据技术的发展，其主要目标是为了让大数据技术更好地服务于科研、环境、生物医药、教育和国家安全领域，同时明确地表示这些研发费用将主要用来鼓励在数据采集、存储、管理、分析和共享等方面的技术研发，这直接刺激了全世界对"大数据"的关注（孙晓立，2012）。从此，全世界掀起了一场基于大数据技术促进教育改革和创新发展的研究热潮，如今教育大数据的应用已被列入我国教育信息化的工作程序中。教育大数据正逐渐与教育的各个领域进行深度融合，这也是当前时代教育事业发展的必然趋势。正如中央电化教育馆原副馆长王晓芜所说："教育正在走向大数据时代，谁能够发现数据，谁就能够赢得未来的生存；谁能够挖掘数据，谁就能够赢得未来的发展；谁能够利用数据，并利用数据提供个性化的服务，谁就能够赢得未来的竞争。"（王晓波，2013）

大数据时代的教育有着诸多变革。大数据时代的教育不仅变革了教育教学方式和学习方式，同时也对教育科研、教育管理和教育评价等产生了深刻的影响。

第一，教育教学方式与学习方式变革。在大数据时代，云计算、物联网、大数据和泛在网络等为代表的新一代信息技术在教育领域的全面深入应用，促使了原有传统数字化教育的全面转型，出现了越来越多的智慧教育与教学（杨现民，2014）。同时，传统信息技术支持下的数字化学习也正在逐步转向大数据支持的泛在学习。由于巨量数据的可获取性、易得性以及基于数据的支持服务的普及，在教学层面上，教学决策会从单纯依靠教师的教学经验，转变为依靠云计算对海量教学案例的大数据分析而产生的决策支持依据，教师的教学决策实现了人类有限理性和单一经验性思考的跨越；在学习层面上，教师为每位学生提供的发展支持和帮助，也会从单纯依赖教师有限的经验性判断，而转变为以学习者自身学习过程的大数据分析结果为依据，学习评价实现了单纯主观评价的跨越（梁文鑫，2013）。

第二，教育科研变革。从随机样本、探求因果关系实证主义范式支持下的科学研究，转变为关注全数据、注重发现相关关系的第四范式科学研究。与传统的现场询问和记录式的数据采集相比，依靠信息技术自动、持续采集的大数据采集更加客观和中立，数据获取已经从小数据时代千方百计地获取数据，转变为如何从全数据中删除无用的数据。基于大数据的教育科研研究突破了用样本推断总体的传统测量统计方法，转变为直接对总体进行分析，更加注重结论的相关性和实时性（郭文革，2014）。大数据为人们认识世界提供了"分析全样本、接收非精确、发现相关性"等新思路，且正在形成一种全新的数据密集型科学研究范式（贺威，刘伟榕，2014）。

第三，教育管理变革。从传统领导层面的行政化管理、经验性决策转向服务型管理、数据为基础的决策。在大数据时代的背景下，教育教学管理变成了一种数据支撑的行为科学，教育教学的决策模式也将由传统的英雄顶层决策模式和群众创新决策模式转变为以数据为基础的决策模式（张俊超，2014）。大数据支持下的教育教学管理模式的产生，颠覆了传统教育教学管理的观念，迫使教育教学管理部门从高居于教学之上的行政管理体系，转变为深入学生、教师之中的教学服务提供者，使传统行政化教学管理将向信息化学习与课程服务体系转变（桑新民，谢阳斌，杨满福，2014）。

第四，教育评价变革。大数据的分析技术不仅带来了教育评价在方法与技术上的变革，也带来了评价理念上的变革，评价即服务的理念已经开始得以树立，教育评价开始从传统的"经验主义"和单一维度的评价，转变为"数据主义"和多元维度的评价（杨现民，2014）。大数据时代，教学评价的方式也从单纯依靠教师经验的评价方式，转变为以大数据的推导归纳而得出符合教学活动规律的学习支持服务方案为支撑依据，教师结合自己的经验执行学习支持服务方案的评价过程。同时，教师还可以对学生进行多元评价，而不仅仅是从其对知识的掌握这一个维度进行评价，促使教学评价跳出总结性评价的圈子，实现过程性评价（喻长志，2013）。与传统教育评价相比，大数据支持下的"靠数据说话"已经成为教育评价的重要指导思想（王祖霖，2016）。王陆教授团队开拓的基于课堂教学行为大数据的课堂观察方法与技术，从编码体系分析方法和记号体系分析方法两种视角，开发了 38 种课堂教学行为变量的评价方法以及 12 类课堂教学行为评价的大数据服务，在中国 15 个省近 300 所项目学校中取得了显著的成绩（王陆，张敏霞，2012）。

1.2.3 教育大数据的价值与应用领域

在政府、研究机构和大学等各级单位的推动下，大数据在教育实践中的价值正在逐步凸显，教育领域的研究者和实践者积极挖掘大数据在教育中的价值，不断将大数据技术应用于教育领域，优化教与学的过程。

构建基于大数据的数字化资源新生态。教育资源是教与学的重要基础。传统的教育资源建设主要有主管部门配发、教师自主开发等形式，不能完全满足教与学的个性化需求，教师自主开发资源存在着重复建设和资源整体质量不高等问题，而对优质资源的定义也多数依赖经验总结的方式（刘中宇，刘海良，2013）。大数据的出现为教育资源的建设提供了新思路。首先，大数据"一切皆数据"的认知更新了资源的理念，教育教学的过程性数据和结果性数据也成为重要的教育教学资源，并开始在教育教学的决策过程中扮演越来越重要的角色。其次，大数据"发现—总结"式的数据分析思路更新了资源的管理模式，彻底颠覆了仅凭经验和直观感受评价优质资源的资源管理模式。根据用户的使用"痕迹"，如资源使用者对资源的点击、下载和评价等真实数据，动态和客观的进行优质资源的评价和资源的管理，甚至可以在机器学习和智能推送等计算机算法的支持下，根据不同资源使用者的个性化需求而提供有针对性的个性化资源，真正形成了一种自优化、自适应的资源新生态。

教育大数据促进教育决策水平的提升。思卡普（Schildkamp）和凯珀

(Kuiper)将基于大数据的教育决策定义为通过对学校已有数据资源的系统分析，创新教学，提高学生表现，并将这些创新应用于实践、进行评测的行为(Schildkamp, Kim & Kuiper, 2010)。在微观层面上，基于大数据的教育决策可以协助提高教学质量。在课堂教学中，如果教师能够学会运用数据，他们就可以更加有效地了解学生的能力，发现学生的不足之处并提出改进计划(Earl & Katz, 2006)。通过教学管理系统反馈的数据，教师可以了解并根据学生不同的学习需求，并应用数据对学生进行学习诊断，这对减小学生间的差距、提高整体教学质量有很大的帮助(顾小清，薛耀锋，孙妍妍，2016)。在中观层面上，基于大数据的教育决策可以从学校或学区的管理层面影响相关的资源调配以及政策实施；在此基础之上，基于大数据的教育决策可以帮助学校或学区审慎地制订发展计划、提供改进的途径，并通过数据的应用构建一种良性循环的校园文化。在宏观层面上，基于大数据的教育决策可以帮助地区，甚至国家级的教育决策者进行科学判断。2012 年美国教育部发布了《通过教育数据挖掘和学习分析促进教与学》报告，报告指出，"数据驱动学校，分析变革教育"的大数据时代已经来临，利用教育数据挖掘技术和学习分析技术，构建教育领域相关模型，探索教育变量之间的相关关系，为教育教学决策提供有效支持将成为未来教育的发展趋势(徐鹏，王以宁，刘艳华，等，2013)。

　　教育大数据在教育管理中的应用已经日趋成熟。当前我国的教育管理仍然停留在简单的"人管、电控"阶段，智能化程度不高，管理的效率和水平较低(杨现民，2014)。杨现民指出，随着国家教育管理服务平台的建设，教育大数据的采集、分析、挖掘等工作规范化、有序化和全面化的开展，教育大数据开始从简单的数据分析走向深层次的数据挖掘，既注重相关关系的识别，又强调因果关系的确定；大数据在教育管理业务中的应用价值主要体现在三个方面：一是教育的科学决策，二是教育设备与环境的智能管控，三是教育危机预防与安全管理(杨现民，唐斯斯，李冀红，2016)。当前在大中小学中搭建面向应用、安全可靠、操作便捷、技术先进、规范统一、灵活可扩展的数据库平台，通过数据交换工具，进行数据过滤、清洗和双向传递，从而实现全校范围内的数据的统一，以及各业务系统的共享数据服务平台，打通"数据孤岛"，实现学校各种信息系统的互联互通，形成统一的数据服务层，做到一次录入，全校共享，实现招生、教务、财务、人事、学生管理、资产管理等部门的系统互通和数据共享，为学校的宏观决策分析提供有效的数据和决策支持（杨永涛，佟连刚，2014）。例如，江南大学建设了"校园级"智能能源监管平台，该平台通过物联网、通信、信息、控制、检测等前沿技术智能化监管能源，将原来能源管理过程中的"模糊"概念变成清晰数据，为管理者提供了更好、更科学的决策支持，打造成为低碳绿色校园（新华网，2010）。又如，北京民教信息科学研究院等单位报道，近年来校园安全问题已成为社会关注的热点，通过对传感设备所采集的数据，以及信息系统所汇聚的数据进行实时监控与对比分析，可以对校园的安全运行状况进行预警，以提前预防和妥当处理教育危机，提高教育安全管理水平。此外，大数据在提升学校网络安全（北京民教信息科学研究院，2013）、改善教学和科研管理（宓詠，赵泽宇，2013）、完善学生救助体系（张越，2013）、促进区域教育均衡发展（刘雍潜，杨现民，2014）等方面也显示出了极大的应用价值。

教育大数据在教学改革中的应用已经开始得到推广，教育大数据驱动个性化学习的真正实现。通过对教育大数据的挖掘和预测，可以改变传统的以教师讲授为主的教学模式，实现真正的个性化教育，如果说互联网促进了教育的民主化，那么大数据将实现教育的个性化（翟博，2006）。学习分析是"关于学习者以及他们的学习环境的数据测量、收集、分析和汇总呈现，目的是理解和优化学习以及学习情境"（Siemens，2013）。学习分析的一个重要应用是监测和预测学生学习成绩，及时发现潜在问题，并据此做出干预，以预防学生在某一科目或者院系课程学习中产生风险（Johnson，Smith & Willis et al.，2013）。学习分析技术能通过大数据支持，运用机器学习等算法对学习者数据进行分析，根据每位学习者不同的特征，进行个性化资源与服务的推送，同时还能对学习者的学习进度等情况进行追踪，建立数据库。学习分析技术可以采样学习者的学习历程数据和学习绩效数据，并通过学生—问题(S-P)分析、学习历程的关联数据挖掘分析及基于知识点的学习绩效聚类分析等多种大数据的分析方法，发现学习者的学习特征，为学习者提供针对其需求的"量身定做"的个性化学习支持服务，包括个性化的学习路径、个性化的学习内容与资源、个性化的学习方法等，从而为每位学习者提供最优化的教学支持服务，全面提高教育教学质量。例如，美国奥兰治县的马鞍峰社区学院通过"高等教育个性化服务助理"系统，运用学生数据成功实施了个性化教育；该系统为每个学生建立详细档案，完整地记录学生在校期间的日程信息、跟随导师学习的经历以及其他个人信息，并对这些信息进行分析，为学习者提出时间管理和课程选择的具体建议，以及其他有助于学生在学业上获得成功的要素(陈律，2013)。美国普渡大学(Purdue University)早在 2007 年就启动了"课程信号项目"(Pistilli & Arnold，2010；马红亮，袁莉，郭唯一，等，2014)，该项目将数据从学生信息系统、课程管理系统和课程成绩单中提取出来，按照学习表现进行分类，并利用数据分析技术对那些极有可能不及格或辍学的学生提供及时的有针对性的辅导服务(杨现民，2016)。大数据技术使得学习行为的记录更加精细化，可以准确记录每位用户使用学习资源的过程细节信息(杨现民，2016)。这些过程数据一方面可用于精准分析学习资源的质量，进而优化学习资源的设计与开发；另一方面，学生可以对自己某一段时期内的学习情况进行分析和预测，以便尽早通过这些预测做出最适合自身发展的决策，更好地开展适应性学习和自我导向学习(Johnson，Adams & Cummins，2012)。例如，美国在线教育公司 Knewton，其主打产品是适应性在线学习系统，核心技术是适配学习技术，通过数据收集、推断及建议"三部曲"为学习者提供个性化学习建议(Knewton，2014)。

教育大数据驱动了教育评价体系的重构。随着大数据时代的到来，教育评价正在从"经验主义"走向"实证主义"，从"宏观群体"评价走向"微观个体"评价，从"单一评价"走向"综合评价"(杨现民，2016)。基于大数据的教育评价实现了对多维教育数据的深度分析，可以满足不同教育参与者的需要(Data Quality Campaign，2013)。教师通过大数据了解学生的学习表现以调整其教学计划，满足学生的个性化学习需求；家长通过大数据了解自己孩子的学习成绩和优、劣势学科，了解学校教育质量情况，以主动为孩子选择最优的教育环节；教育管理人员通过大数据了解各个教育项目的实施情况和作用以调整顶层教育方案；政府通过大数据了解人才培养与学生学术成长和生涯发展情况，以做出科学的教育决策(郑燕林，柳海民，2015)。例如，我国上海作为试点区域于2011年开始建立了"上海市中小学生学业质量绿色指标"体系，"绿色指标"在收集学生学业水平数据的基础上，还收集了有关学生家庭背景、学习动机、学业负担和师生关系以及教师教学方式和校长领导力等信息，并及时向区县和部分学校反馈评价结果，以合理引导教育管理、教学指导以及各种教与学行为。

教育大数据驱动科学研究范式转型。随着大数据技术的不断成熟，各种科研数据的获取将更加便利，传统科研的复杂性将大大降低，这也在一定程度上破解了科研经费投入、数据分析以及科研管理等难题，为科研工作者提供了更为便捷的技术支撑与人性化服务，大大提高了研究的效率和结果的可信度(杨现民，2016)。例如，美国教育部指出，基于数据密集型科学范式的研究在教育领域的具体应用主要为学习分析和教育数据挖掘。教育数据挖掘的目的是研究和利用统计学、机器学习和数据挖掘方法来分析教和学过程中产生的数据(祝智庭，2013)。教育数据挖掘可以应用多方信息建立学生模型，预测学生的学习行为，发现或改进学习内容展现和最佳教学序列的领域模型；建立包括学生、领域模型和教学软件的计算模型(Baker & Yacef，2009)。

1.2.4 教师在线实践社区中的大数据

根据1.1.2节中所述及的教师在线实践社区中的特征，我们可以得知教师在线实践社区具有对教师专业发展的独特支持属性（王陆，2011），因此，教师在线实践社区中的大数据主要来源有三个维度：教师的实践性知识大数据，教师的课堂教学行为大数据和作为教师在线实践社区中的成员之间的关系大数据。

收集教师在线实践社区中的大数据，非常重要的一点是要尊重其多重声音的特征（Engeström，2001），即要多渠道、多途径地获取多种信息内容。由于教师的专业发展是一种过程，为此，通常大数据收集需要按一定的时间间隔，在不同的时间点上进行多次采样，以描述教师的实践性知识、教师的课堂教学行为和教师之间关系的变化趋势，寻找教师专业发展的规律。通常对教师在线实践社区中的大数据进行采集时，可以按照社区中学习活动的周期确定采样的时间间隔，同时也可以在某一个活动周期中再根据数据分析的需要，继续分割不同时长的间隔段，这样的数据收集方法虽然有可能不是等间隔段的，但却是最简单易行的处理办法，实践证明这也是非常有效的方法。

教师在线实践社区中常用的大数据分析方法包括内容分析法（Content Analysis，CA）、视频案例分析法（Video Case Analysis，VCA）、社会网络分析方法（Social Network Analysis，SNA）和统计分析方法（Statistical Analysis，SA）四种研究方法，具体如表1-3所示。

表1-3　教师在线实践社区中常用的大数据分析方法简介（王陆等，2011）

方法名称	方法简介	在研究中的用途
内容分析法（CA）	根据研究的目的对教师在线实践社区中文字、图形、符号等资料进行系统化、条理化的加工，然后用逐步集中和浓缩的方式将资料的意义反映出来，并最终对资料进行意义解释的一种研究方法	用于分析处理教师在线实践社区中异步和同步的交互文本、教师的教学设计文稿及教学反思日志等

续表

方法名称	方法简介	在研究中的用途
视频案例分析法(VCA)	对教师在线实践社区中的课堂视频案例信息进行定性建模与定量建模的一种研究方法,又可分为编码体系与记号体系两种方法	用于分析处理课堂视频案例中的教师课堂教学行为及对应的实践性知识
社会网络分析法(SNA)	对教师在线实践社区中的成员之间关系所形成的社会网络结构进行分析的方法	用于分析教师在线实践社区中的知识网络结构特征等
统计分析法(SA)	以统计数学为基础的定量研究方法,本研究主要涉及描述统计分析与推论统计分析	用于定量数据的综合处理,帮助研究者发现数据所蕴含的内在规律

数据收集与数据处理两个主要的研究阶段在实际操作中,都会存在一种互动循环推进的过程,即数据收集阶段的结束会导致研究进程进入数据处理阶段,但数据处理的结果也会导致研究者的再次数据收集,整个研究过程会在数据收集与数据处理的互动循环中向前推进(王陆,张敏霞,杨卉,2011)。

教师在线实践社区中大数据分析的信度和效度问题是关键性的问题。所谓信度(Reliability)和效度(Validity)是指教育科学研究中的两个相互关联的重要标准(Edward & Richard,1979)。信度即可靠性,指研究的方法、条件和结果是否可以重复,是否具有前后一贯性。通俗地讲,一个具有信度的研究程序,不论其过程是由谁操作,或进行多少次同样的操作,其结果总是非常一致的。效度即有效性,指能够如实反映某一概念真正含义的程度。一个有效度的研究程序,不仅能够明确地回答研究的问题和解释研究结果,而且能够保证所得出的研究结论在一定范围内能够进行推广。信度与效度的结合是教育科学研究活动具有科学价值和意义的重要保证(Scanlan,2003)。

在教师在线实践社区的大数据分析中，由于需要考察教师专业发展的进程与变化规律，所以可以采用历时信度(张伟远，2003)进行信度的保证。一般的做法是在研究样本的时间阶段中可按时间进程分为初期、中期、后期三个不同的时间段，使用同样方法对数据样本进行数据分析，此研究过程一方面可以获得演变过程的数据，另一方面也可以考察三个不同时期的研究结果之间是否具有相似性，以保证绩效评估的信度。

教师在线实践社区的大数据分析一般都采用定性与定量相结合的混合方法，即 QUAN-QUAL 混合方法，也被称为三角互证混合方法或三角互证法(Gay，Mill & Airasian，2006)来保证效度。三角互证法的基本原则是从多个角度或立场收集有关情况的观察和解释，并对它们进行比较，以帮助研究者消除只依靠任何一种数据收集来源和理论做研究时可能形成的偏见。例如，在教师在线实践社区的大数据分析中的内容分析法、视频案例分析法和统计分析方法可以构成一个方法的证据链，以保证绩效评估的效度。一般绩效评估依靠定量和定性等多种研究方法的协同作用与效力，不仅可以保证绩效评估的效度，还可以比单一采用定量或定性方法对一种现象认识得更充分(Gay，Mill & Airasian，2006)。

1.3　基于大数据的第四范式引领的教育研究

1.3.1　第四范式引发科学研究方法的革命

在信息技术高速革新和进步，数据量不断增长和积累的今天，传统的科学研究范式已经无法适应一些新的研究领域，需要全新的范式指导新时代背景下的科学研究(张燕南，2016)。2007 年在美国加州召开的 NRC-CSTB(National Research Council-Computer Science and Telecommunications Board)大会上，图灵奖获得者、关系型数据库的鼻祖吉姆·格雷(Jim Gray)发表了题为"The Fourth Paradigm：Data-Intensive Scientific Discovery"的讲演,吉姆·格雷指出(Jim,2013):大数据将成为继以观察和实验为依据的经验范式、以建模和归纳为基础的理论范式和以模拟复杂现象为基础的模拟范式之后的科学研究第四范式(the Fourth Paradigm)。吉姆·格雷将第四范式定义为"数据密集型发现(Data-Intensive Scientific Discovery)"。

"范式"的概念最初来自美国著名科学哲学家托马斯·库恩(Thomas Kuhn)在其1962年的著作《科学革命的结构》。他在书中指出,范式即常规科学所赖以运作的理论基础和实践规范(库恩,1980)。库恩认为,科学的进步不是靠知识的积累,而是凭借范式的转换取得的,如果产生了新的范式,可以说常规科学就建立起来了(王纪潮,2006)。邓仲华和李志芳总结了各个范式的演化过程,如表1-4所示。

表1-4 科学研究范式演化表(邓仲华,李志芳,2013)

类别	时间	研究方法	模型	范例
第一范式:经验科学	18世纪以前	以归纳为主,带有较多盲目性的观测和实验	实验模型	牛顿的经典力学,伽利略的理想斜面实验
第二范式:理论科学	19世纪以前	以演绎法为主,不局限于经验事实	数学模型	数学中的图论、概率论,物理学中的相对论、弦理论
第三范式:计算科学	20世纪中期	对各个科学学科中的问题,进行计算机模拟和其他形式的计算	计算机仿真模拟	数值模拟,模型拟合与数据分析、计算和数学优化
第四范式:数据密集型科学	21世纪初期	利用数据管理和统计工具分析数据	大数据挖掘模型	数据挖掘、机器学习

第一范式为经验科学范式,也称为实验科学范式。经验科学产生于几千年前,是人类最早使用的一种科学研究范式,主要以描述和记录自然现

22

象为特征。由于经验科学以人类研究的具体经验为主，缺乏抽象概括的理论，因此经验科学的研究方法以归纳总结为主，带有较多盲目性的观测和实验。经验科学的主要研究模型是科学实验，早期经典的科学研究范例包括牛顿的经典力学、伽利略的理想斜面实验等（邓仲华，李志芳，2013）。

第二范式为理论科学范式。由于早期实验条件和技术上的限制，经验科学的研究很难实现准确地理解和描述自然现象。因此，科学家们开始尝试使用更为简化的实验模型，通过减少无法控制的干扰因素，达到实验理想的准确性，通过演算进行归纳总结。这种科学研究被称为理论科学，又被称为第二范式。从第一范式到第二范式，人类经过了借由观察实际存在的现象并进行逻辑推论而得到某种假说，到借由大量可重现的观察与实验验证假说，为众多科学家认定，从而使假说转化为理论的科学研究过程。理论科学范式偏重理论总结和理性概括，强调较高普遍的理性认识而非直接实用意义的科学。理论科学的研究方法以演绎法为主，不局限于描述经验事实。理论科学的主要研究模型是数学模型，例如，数学中的图论、概率论，物理学中的相对论和弦理论等。

第三范式为计算科学范式。被称为第三范式的计算科学的产生要追溯到 20 世纪中叶，计算科学又称为科学计算，是一个与数据模型构建、定量分析方法以及利用计算机来分析和解决科学问题相关的研究领域。在第三范式中，科学研究可以通过对复杂现象的模拟仿真，推演出越来越多复杂的现象，如模拟核试验和天气预报等（宋美杰，2016）。计算机仿真越来越多地取代科学实验，逐渐成为科研的常规方法，计算科学也被称为第三范式。在实际应用中，计算科学主要用于对各个科学领域中的问题进行计算机模拟和其他仿真计算。典型的问题域包括：数值模拟，重建和理解已知事件，如地震、海啸和其他自然灾害等；预测未来或未被观测到的情况，如天气、亚原子粒子的行为；模型拟合与数据分析，调整模型或利用观察来解方程，如石油勘探地球物理学、计算语言学，基于图的网络模型及复杂网络等；计算和数学优化，最优化已知方案，如工艺和制造过程、运筹学等(邓仲华，李志芳，2013)。

第四范式即数据密集型科学范式。伴随着数据呈爆炸式增长的趋势，计算机不仅能够进行模拟仿真，还能够进行分析和总结，继而直接得出相关规则与理论。因此，吉姆·格雷认为数据密集范式理应从第三范式中分离出来，成为一个独立的科学研究范式。这也就意味着，计算机可以承担由科学家来完成的科学研究工作。这种科学研究的方式被称为第四范式，即数据密集型科学范式。数据密集型科学范式由传统的假设驱动向基于科学数据进行探索的科学方法的转变。虽然，第四范式与第三范式都是利用计算机来进行计算，但第四范式改变了原来以假设为驱动的研究模式(邓仲华，李志芳，2013)，不再是以提出问题进而做出假设为前提，而是在庞大的大数据基础上，通过计算分析而获取新的发现与新的理论。

第四范式的革命性变革，主要体现在统计分析思维与大数据思维在研究设计上遵循的不同范式与不同路线(李金昌，2014)，具体见表1-5。

表 1-5　统计分析思维与大数据思维的对比(王陆，蔡荣啸，2016)

	统计分析思维的研究设计	大数据思维的研究设计
分析思路	假设—验证	发现—总结
分析过程	定性—定量—再定性	定量—定性
逻辑关系	分布理论—概率保证—总体推断	实际分布—总体特征—概率判断

如表1-5中所示的大数据思维的研究设计与统计思维的研究设计相比，具有显著变化。首先，因为有了大数据，在研究的分析思路上的变化是可以不受任何研究假设的限制，可以通过对大数据的分析直接寻找关系、发现规律，然后再加以总结，形成研究结论；在研究的分析过程上，由于可以直接从针对大数据的各种"定量的回应"中找出那些真正的、重要的数量特征和数量关系，从而大大提高得到新的定性结论的可能性；在研究的逻辑关系上，概率不再是事先预设的，而是基于实际分布得出的判断(李金昌，2014)。

综上所述，从大数据中探索人类目前未知的现象和规律，已经成为科学研究必不可少的研究范式。科学研究从经验科学、理论科学、计算机科学，发展到数据密集型科学，科学范式也相应地从经验范式、理论范式、计算机模拟范式，发展到了第四范式，不同范式之间都有必不可少的联系。第四范式即数据密集型科学范式，作为前三种科学研究范式的补充与优化，对于当今的大数据研究有着重要意义（邓仲华，李志芳，2013）。

1.3.2　教育研究迈向第四范式的必然趋势

17 世纪，笛卡儿（Descartes）以"我思故我在"打破了以往神性的统治，确立了人类理性的重要地位，提出了科学探究的方法论。随着科学的不断发展，科学实证的研究范式逐步确立。桑代克（Thorndike）指责"教育思想家的恶习或不幸，是选择哲学方法或流行的思维方法，而不是用科学的方法解决问题"（胡森，1988）。梅伊曼（Meumann）和拉伊（Lay）则提出并创立了实验教育学。梅伊曼提出教育学要想获得切实可靠的知识，就必须从概念思辨的传统中解放出来，要像自然科学家那样，进行严格的控制性实验。拉伊在《实验教育学》中指出："我们要在理论上和实践上证明，为了解决教学和教育中的各种问题，可以卓有成效地采用实验的研究方法，即特别适宜在教育上运用的实验、统计科学和客观或系统的观察。"（拉伊，1996）同时，涂尔干（Durkheim）等社会学家也把教育现象作为社会学的研究对象，主张用观察、实验、调查、统计等方法研究教育事实，注重研究的严密性、客观性和价值中立，以建立实证的教育科学。斯金纳（Skinner）从操作行为主义出发，提出要超越人的自由与尊严，强调人的行为的可控制性，而教育是行为控制的重要手段与途径（斯金纳，1953）。由此，教育研究借助实验心理学和教育调查开始向科学实证范式所强调的"科学化"迈进。然而，科学实证主义范式在教育研究中困难重重、步履维艰，其面对的挑战主要有以下几个方面。

第一，教育研究具有复杂性。叶澜教授认为：教育是人类社会所特有的更新再生系统，可能是人世间复杂问题之最(叶澜，2001)。劳凯声教授指出(劳凯声，2004)，首先，教育研究的对象要比自然科学研究的对象复杂得多。这是因为教育是培养人的社会活动，教育的直接对象是人，人的主观能动性、情感丰富性、行为多样性和个体差异性及其对教育活动的介入，使教育现象愈加错综复杂、千变万化。其次，教育研究的价值选择复杂。教育领域中充斥着多种价值取向，既有政治的价值取向，也有经济的价值取向；既有社会的价值取向，也有个人的价值取向；既有科学的价值取向，也有人文的价值取向。因此，不同的人从不同的立场出发，用不同的话语来分析教育现象背后的价值问题，教育研究就会呈现出多元化的价值选择。教育研究不能像自然科学一样，在完全自然的状态下通过操纵变量和自变量，控制无关因素，进行准确的归因和纯粹客观解释(唐芳贵，2002)。国际大数据专家舍恩伯格(Schönberger)博士认为，大数据时代的一个最重要转变，是从因果关系转向相关关系，不再需要从事实中寻求原因，而要从看似无关的数据中发现某种相关关系。第四范式所代表的数据密集型科学研究对教育研究则抛弃了"简单化的原则"，要求研究者放弃一种直线式的问题解释方式，放弃寻求"放之四海而皆准"的教育规律的企图，通过数据挖掘等技术与方法深入分析教育大数据，寻求复杂情境中数据联系的独特性，从数据多样性中寻求统一性，破解当前的教育研究难题。

第二，教育领域不断产生海量化数据。2012年联合国在发布的《大数据促发展：挑战与机遇》的白皮书中指出："大数据时代已经到来，大数据的出现将会对社会各个领域产生深刻影响。"(联合国秘书长执行办公室，2012)随着信息技术在教育领域中的广泛应用，教育数据正在以几何级的规模不断递增。根据来源和范围的不同，可以将教育大数据分为个体教育大数据、课程教育大数据、班级教育大数据、学校教育大数据、区域教育大数据、国家教育大数据六种，它们从下向上、从小到大逐级汇聚。个体教育大数据包括教育部2012年正式发布的《教育管理信息化系列行业标准(教技〔2012〕3号)》中规定采集的教职工与学生的基础信息、用户各种行为数据(如学生随时随地的学习行为记录、教师的教学行为记录、管理人员的各种操作行为记录等)以及用户状态描述数据(如学习兴趣、动机、健康状况等);课程教育大数据是指围绕课程教学而产生的相关教育数据,包括课程基本信息、课程成员、课程资源、课程作业、师生交互行为、课程考核等数据;班级教育大数据是指以班级为单位采集的各种教育数据,包括班级每位学生的作业数据、考试数据、各门课程学习数据、课堂实录数据、班级管理数据等;学校教育大数据主要包括标准规定的各种学校管理数据(如概况、学生管理、办公管理、科研管理、财务管理等)、课堂教学数据、教务数据、校园安全数据、设备使用与维护数据、教室实验室等使用数据、学校能耗数据以及校园生活数据;区域教育大数据主要来自各学校以及社会培训与在线教育机构,包括国家标准规定的教育行政管理数据、区域教育云平台产生的各种行为与结果数据、区域教研等所需的各种教育资源、各种区域层面开展的教学教研与学生竞赛活动数据以及各种社会培训与在线教育活动数据;国家教育大数据主要汇聚了来自各区域产生的各种教育数据,侧重教育管理类数据的采集(邢蓓蓓,杨现民,李勤生,2016)。在这种不断产生海量的教育数据形势下,新型的教育研究要求我们遵循第四范式的研究路线,掌握从复杂的数据中寻找有意义的关联,挖掘教育教学现象的变化规律,准确预测教育教学的发展趋势的研究方法与研究技术。

第三,教育大数据含有大量非结构化数据且难以处理。数据可以分为结构化数据、半结构化数据和非结构化数据。结构化数据是经过严格标引后的数据,一般以二维表的形式存在,如关系数据库中的表元组和对象数据库中的类型对象等。半结构化数据是数据结构不规则或不完整的一类数据,如 HTML、XML、电子邮件等均属于半结构化数据。非结构化数据是没有经过人为处理的不规则的信息,如图像、语音和视频等数据。教育部在 2000 年组织的专门研究小组起草制定的《教育资源建设技术规范》中,从教育资源建设的实际出发,确定了教育资源的内容主要包括以下九类:媒体素材、题库、试卷素材、课件与网络课件、案例、文献资料、常见问题解答、资源目录索引和网络课程。这些教育资源全部都属于半结构化和非结构化数据，然而，传统的数据处理方式一般无法处理分析这些大量的半结构化和非结构化数据。例如，一个学生完成九年义务教育产生的可供分析量化的传统教育数据，一般不会超过 10KB，且为结构化数据，统计分析处理相对简单；而一节 40 分钟的普通课堂的教学录像是一种典型的非结构化数据，一般会有 1GB～2GB，通过视频课例分析方法可以获得的可视化全息数据为 10MB～20MB。由此可见，一节课的非结构化数据量已经是一个学生传统九年义务教育所产生的结构化数据总量的 1024～2048 倍，因而，必须在数据处理方法上采用新的数据密集型研究方式。

由此看来，在面临教育研究的复杂性、教育领域中的海量化数据以及教育大数据中的非结构化数据不断增加且数据处理难度剧增的形势下，第四范式的数据密集型科学揭示了一条新的知识发现之路，借助大数据处理与分析技术，我们能够处理数量巨大、变化迅速、形式复杂的数据，从中找到高度精准和有价值的信息模式与新知识。基于大数据的第四范式将开启教育研究领域的一个新视角，对教育大数据进行深度挖掘与分析，对纷繁复杂的教育现象不断展开追问和反思。

【本章参考文献】

[1][美]奇达夫，蔡文彬. 社会网络与组织[M]. 王凤彬，朱超威，等，译. 北京：中国人民大学出版社，2007.

[2][瑞典]胡森. 教育研究的范式. 见瞿葆奎. 教育学文集·教育研究方法[M]. 北京：人民教育出版社，1988.

[3]北京民教信息科学研究院. 大数据技术如何处理大学校园 IT 安全问题[EB/OL]. [2015-12-10]. http：//www. cnein. ac. cn/html/special/2013/0423/109. html？pc _ hash＝0xvnu G，2013.

[4]陈律. 大数据背景下学习分析技术对教学模式的变革[J]. 中国教育

信息化，2013(24).

[5]邓仲华，李志芳.科学研究范式的演化——大数据时代的科学研究第四范式[J].情报资料工作，2013(4).

[6]顾小清，薛耀锋，孙妍妍.大数据时代的教育决策研究：数据的力量与模拟的优势[J].中国电化教育，2016(1).

[7]郭文革.中国网络教育政策变迁——从现代远程教育试点到MOOC[M].北京：北京大学出版社，2014.

[8]贺威，刘伟榕.大数据时代的科研革新[J].未来与发展，2014(2).

[9]黄欣荣.大数据哲学研究的背景、现状与路径[J].哲学动态，2015(7).

[10][美]库恩.科学革命的结构[M].李宝恒，纪树立，译.上海：上海科学技术出版社，1980.

[11][德]W.A.拉伊.实验教育学[M].沈剑平，瞿葆奎，译.北京：人民教育出版社，1996.

[12]劳凯声.中国教育学研究的问题转向——20世纪80年代以来教育学发展的新生长点[J].教育研究，2004(4).

[13]李国杰，程学旗.大数据研究：未来科技及经济社会发展的重大战略领域——大数据的研究现状与科学思考[J].中国科学院院刊，2012(6).

[14]李金昌.大数据与统计新思维[J].统计研究，2014(1).

[15]李学龙，龚海刚.大数据系统综述[J].中国科学(信息科学)，2015(1).

[16]联合国秘书长执行办公室.大数据促发展：挑战与机遇[R].纽约，2012.

[17]梁文鑫.大数据时代——课堂教学将迎来真正的变革[J].北京教育学院学报(自然科学版)，2013(1).

[18]刘凤娟.大数据的教育应用研究综述[J].现代教育技术，2014(8).

[19]刘雍潜，杨现民.大数据时代区域教育均衡发展新思路[J].电化教育研究，2014(5).

[20]刘中宇，刘海良.大数据时代高校云资源应用[J].现代教育技术，2013(7).

[21]马红亮，[英]袁莉，郭唯一，等.反省分析技术在教育领域中的

应用[J].现代远程教育研究，2014(4).

[22]宓詠，赵泽宇.大数据创新智慧校园服务[J].中国教育信息化，2013(24).

[23]桑新民，谢阳斌，杨满福."慕课"潮流对大学影响的深层解读与未来展望[J].中国高等教育，2014(3).

[24]宋美杰.数据密集型科学与大数据视域下的健康信息行为研究[J].现代传播，2016(11).

[25]孙晓立.大数据：让"云"落地成"雨"[J].中国科技投资，2012(C2).

[26]唐芳贵.论教育研究中的科学主义倾向[J].怀化学院学报，2002(1).

[27]王纪潮.为库恩的"范式"申辩[J].博览群书，2006(1).

[28]王陆.教师在线实践社区的研究综述[J].中国电化教育，2011(9).

[29]王陆，蔡荣啸.课堂大数据视角下的提问倾向研究[J].电化教育研究，2016(7).

[30]王陆，张敏霞，杨卉.教师在线实践社区（TOPIC）中教师策略性知识的发展与变化[J].远程教育杂志，2011(4).

[31]王陆，张敏霞.一种改进的基于教师凝聚子群的远程合作学习圈方法[J].电化教育研究，2011(4).

[32]王陆，张敏霞.课堂观察方法与技术[M].北京：北京师范大学出版社，2012.

[33]王陆.虚拟学习社区的社会网络结构研究［M］.北京：北京大学出版社，2011.

[34]王陆.虚拟学习社区社会网络中的凝聚子群［J］.中国电化教育，2009(8).

[35]王陆.大数据中的教学相长［N］.光明日报，2016-10-13(15).

[36]王晓波.大数据促进教育变革与创新——专访中央电化教育馆王晓芜副馆长[J].中小学信息技术教育，2013(10).

[37]王祖霖.大数据时代学生评价变革研究[D].长沙：湖南大学，2016.

[38]新华网.江南大学全国首创"校园级"智能能源监管[EB/OL].[2015-12-10].http：//wx.xinhuanet.com/2010-12/25/content_21716917.htm，2010.

[39]邢蓓蓓，杨现民，李勤生．教育大数据的来源与采集技术[J]．现代教育技术，2016，26(8)．

[40]徐鹏，王以宁，刘艳华，等．大数据视角分析学习变革——美国《通过教育数据挖掘和学习分析促进教与学》报告解读及启示[J]．远程教育杂志，2013(6)．

[41]严建辉．大数据在重塑教育方面具有无限潜能[EB/OL]．[2016-01-30]．http：//www．cbdio．com/BigData/2016-01/29/content＿4569143．htm．

[42]严霄凤，张德馨．大数据研究[J]．计算机技术与发展，2013(4)．

[43]杨现民，唐斯斯，李冀红．发展教育大数据：内涵、价值和挑战[J]．现代远程教育研究，2016(1)．

[44]杨现民，王榴卉，唐斯斯．教育大数据的应用模式与政策建议[J]．电化教育研究，2015(9)．

[45]杨现民，余胜泉．论我国数字化教育的转型升级[J]．教育研究，2014，35(5)．

[46]杨现民．信息时代智慧教育的内涵与特征[J]．中国电化教育，2014(1)．

[47]杨永斌．数据挖掘技术在教育中的应用研究[J]．计算机科学，2006(12)．

[48]杨永涛，佟连刚．高校信息化建设中的数据共享研究[J]．电子技术，2014(1)．

[49]叶澜．世纪初中国教育理论发展的断想[J]．华东师范大学学报(教育科学版)，2001(1)．

[50]喻长志．大数据时代教育的可能转向[J]．江淮论坛，2013(4)．

[51]翟博．教育均衡发展：理论、指标及测算方法[J]．教育研究，2006(3)．

[52]张洪孟，胡凡刚．教育虚拟社区：教育大数据的必然回归[J]．开放教育研究，2015(1)．

[53]张俊超．大数据时代的院校研究与大学管理[J]．高等工程教育研究，2014(1)．

[54]张伟远．远程教育研究中质的和量的研究设计之探讨(连载之六)[J]．

远程教育杂志，2003(6).

[55]张燕南. 大数据的教育领域应用之研究——基于美国的应用实践[D].上海：华东师范大学，2016.

[56]张羽，李越. 基于 MOOCs 大数据的学习分析和教育测量介绍[J].清华大学教育研究，2013(4).

[57]张越. 华东师大：让教学生活更智慧[J]. 中国信息化，2013(16).

[58]郑燕林，柳海民. 大数据在美国教育评价中的应用路径分析[J].中国电化教育，2015(7).

[59]祝智庭，沈德梅. 基于大数据的教育技术研究新范式[J]. 电化教育研究，2013，34(10).

[60]Baker R. S. J. D. , & Yacef K. . The state of educational data mining in 2009：A review and future visions[J]. Journal of Educational Data Mining，2009(1).

[61]Ballou D. , Sanders W. , & Wright P. . Controlling for student background in value-added assessment of teachers[J]. Journal of Educational and Behavioral Statistics，2004，29(1).

[62]Bienkowski M，Feng M，& Means B. . Enhancing teaching and learning through educational data mining and learning analytics：An issue brief [M]. Washington，D. C：Office of Educational Technology，U. S. Department of Education，2012.

[63]Chalmers L. , & Keown P. . Communities of practice and professional development [J]. International Journal of Lifelong Education，2006，25(2).

[64]Data Quality Campaign. Data for action 2013：Right questions，right 31 theory of educational technology data，right answers[EB/OL]. http：//www2. dataqualitycampaign. org/

[65]Dexter S. , Seashore K. R. , & Anderson R. E. . Contributions of professional community to exemplary use of ICT [J]. Journal of Computer Assisted Learning，2002，18(4).

[66]Earl，L. , & Katz，S. . Leading schools in a data-rich world [M]. Dordrecht，Springer，2002.

［67］Edward G. C. & Richard, A. Z.. Reliability and validity assessment ［M］. Los Angeles, CA: Sage Publications, 1979.

［68］Elmore R. F.. Building a new structure for school leadership ［M］. Washington, DC: Albert Shanker Institute, 2000.

［69］Engeström Y.. Expansive learning at work: Towards an activity theoretical reconceptualization［J］. Journal of Education and Work, 2001, 14(1).

［70］Forrester G., Motteram G., & Bangxiang L.. Transforming Chinese teachers' thinking, learning and understanding via e-learning ［J］. Journal of Education for Teaching International Research and Pedagogy, 2006, 32(2).

［71］Gantz J., & Reinsel D. Extracting value from chaos［J］. Idcemc2 Report, 2011.

［72］Gay L. R., & Mill G. E., Airasian, P.. Educational Research Competencies for Analysis and Applications ［M］. Upper Saddle River, NJ: Person/Merrill/Prentice Hall, 2006.

［73］Glazer E., Hannafin M. J., & Song, L.. Promoting technology integration through collaborative apprenticeship ［J］. Educational Technology Research and Development, 2005, 53(4).

［74］Gray B.. Informal learning in an online community of practice ［J］. Journal of Distance Education, 2004, 19(1).

［75］Henderson M.. Sustaining online teacher professional development through community design ［J］. Campus-Wide Information Systems, 2007, 24(3).

［76］Hewitt J.. Toward an understanding of how threads die in asynchronous computer conferences ［J］. The Journal of the Learning Sciences, 2005, 14(4).

［77］Jim Gray on eScience: A ransformed Scientific Method［EB/OL］. ［2013-11-24］. http: //research. microsoft. com/en-us/collaboration/fourthparadigm/4th _ paradigm _ book _ jim _ gray _ transcript. pdf.

［78］Johnson L., Adams S., & Cummins M.. The NMC horizon report: 2012 higher education edition［R］. Austin, Texas Trendreport: The

New Media Consortium，2012.

[79]Klecka C. L. ，Clift R. T. ，& Cheng Y. M. . Are electronic conferences a solution in search of an urban problem? [J]. Urban Education，2005，40(4).

[80]Knewton[EB/OL]. [2014-07-01]. http：//www. knewton. com/.

[81]Johnson L. ，Smith R. ，& Willis H. ，et al. The 2011 horizon report. austin，TX：The New Media Consortium. [DB/ OL]. [2013-05-20]. http：//net. educause. edu/ir/library/pdf/HR2011. pdf.

[82]Lave J. . Learning as participation in communities of practice [R]. Proceedings of the Annual Meeting of the American Education Research Association San Francisco 20-24 Apriori，1992.

[83]Little J. W. ，Gearhart M. ，& Curry M. ，et al. Looking at student work for teacher learning，teacher community，and school reform [J]. Phi Delta Kappan，2003，85(3).

[84]Lock J. V. . A new image：Online communities to facilitate teacher professional development [J]. Journal of Technology and Teacher Education，2006，14(4).

[85]Mason R. . Information and communication technologies in education and training [DB/OL]. [2011-06-01]http：//www. europarl. europa. eu/stoa/ publications/studies/stoa106 _ en. pdf，2002.

[86] Pistilli M. D. ，& Arnold K. E. . In practice：Purdue signals：Mining real-time academic data to enhance student success[J]. About Campus，2010，15(3).

[87]Sherer P. D. ，Shea T. P. ，Kristensen E. Online communities of practice：A Catalyst for Faculty Pevelopment[J]. Innovative Higher Education，2003，27(3).

[88]Schildkamp K. ，& Kuiper W. Data-informed curriculum reform：Which data，what purposes，and promoting and hindering factors. Teaching and Teacher Education，2010，26(3).

[89]Skinner B. F. Science and Human Behavior[M]. New York，CA：

MacMillan，1953.

　　［90］Siemens G. . Learning analytics a foundation for informed change in higher education ［DB/OL］. ［2013-01-17］. http：//www. slideshare. net/ gsiemens/learning-analytics-educause.

　　［91］Hey T. , Tansley S. , & Tolle K. The fourth paradigm：Data-Intensive scientifico discovery［M］. Redmond，Washington，CA：Microsoft Reasearoh，2009.

　　［92］Vrasidas C. , Iemdylas M. , Online Professional Development：Lesson from the field［J］. Educatipon & Training，2004，46(617).

第 2 章　基于大数据的知识发现

知识发现是从数据中提炼与萃取隐性的、未知的和有应用潜力的信息的过程(Frawley et al.，1992)。随着信息技术的飞速发展，知识发现萃取过程的对象——数据，正以惊人的速度增长和积累。所谓大数据是指数据量规模巨大到无法通过人工在合理时间内达到截取、管理、处理，并整理成为人类所能解读的信息的数据(Tom，2012)。近年来，大数据的分析与研究受到越来越多的关注，基于数据库、数据挖掘的知识发现方法与技术，也随着对大数据研究的不断深入而得到改进与创新。基于大数据的知识发现，为包括教育学在内的各个学科的知识创新都提供了一种新视角、新方法和新技术的知识管理与知识创生的新途径。

2.1　基于大数据的知识发现的过程与方法

2.1.1　基于大数据的知识发现：连接"数据"和"知识"的桥梁

20世纪80年代末90年代初，随着不同学科中数据资源积累速度的飞速增长，人们逐步意识到发展新的技术与工具来实现从数据中提取信息与知识的重要性(Fayyad，Piatetsky-Shapiro & Smyth，1996)。在1989年的首次基于数据库的知识发现学术研讨会上，基于数据库的知识发现的概念被正式提出(Piatetsky-Shapiro，1991)。不同于统计学家、数据分析师们在此之前提出的信息萃取与数据处理等概念，基于数据库的知识发现强调"知识"是基于数据的研究发现的最终产物。

1996 年，法亚德(Fayyad)等人发表了第一个数据挖掘与知识发现的过程模型，如图 2-1 所示。

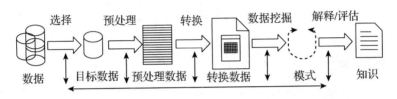

图 2-1　数据挖掘与知识发现过程模型示意图(Fayyad et al.，1996)

图 2-1 所示的数据挖掘与知识发现过程模型，展示出数据挖掘与知识发现的过程是从数据采集开始的，之后会经历数据的预处理、转换数据、数据挖掘和解释/评估等一系列的操作后，最终将数据转化为知识。法亚德对数据与知识发现的研究，为建立连接"数据"和"知识"的桥梁奠定了重要的基础。

2000 年，在法亚德的模型基础上，Teradata、Daimler-Chrysler 以及 OHRA 等多家公司与机构联合发布了跨行业数据挖掘标准流程(Cross Industry Standard Process for Data Mining，CRISP-DM)，CRISP-DM 还建立了围绕数据的过程模型等。CRISP-DM 模型将基于数据挖掘的知识发现主要概括为业务理解、数据理解、数据准备、模型建立、评估和部署 6 个步骤。2014 年，数据科学网站 KdNuggets 对有关数据分析、数据挖掘、数据科学主要应用方法的调查结果显示，CRISP-DM 的应用率已经达到了 43%，这一数据表明依据 CRISP-DM 开发的知识管理系统和数据挖掘工具已经广泛地应用到工业和商业领域；其次为用户自己设定的模型(My Own)占 27.5%，而其他模型应用率均不到 10%。2005 年，西奥斯(Cios)对知识发现的过程模型进行了进一步完善，得到了如图 2-2 所示的知识发现过程模型。

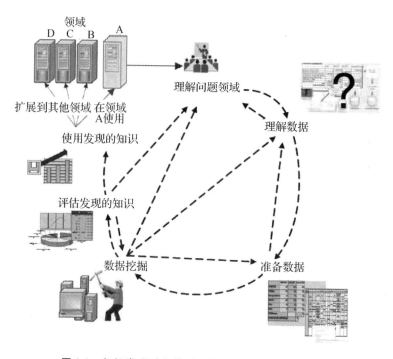

图 2-2　知识发现过程模型示意图(Cios et al., 2005)

综合上述知识发现过程模型的研究成果，我们可以将基于数据的知识发现概括为 6 个步骤。

第一步，理解问题领域。根据需求，确认知识发现的目标，学习和理解相关应用领域的知识。

第二步，理解数据。确认数据质量，初步发现数据特征。

第三步，准备数据。对需要研究的目标数据集，经过数据清洗等预处理过程，根据任务需求，转换成为符合需要的形式。

第四步，数据挖掘。选取与任务目标相匹配的数据挖掘手段与算法，如对数据进行分类、回归和聚类等。如果准备依据数据挖掘的结果建立模型，也需要选择适当的模型以及参数。

第五步，知识评估。通过对数据挖掘得到的模型或机制进行解释，从中获取知识。对知识的评估一般为检验知识发现过程中获取的知识与已有知识是否冲突，并根据评估的结果，决定是否要返回到之前的步骤，重新进行基于数据的知识发现。

第六步，知识应用。将发现的知识付诸实用，不仅可以运用在第一步中涉及的问题领域，也可以运用在其他扩展的领域。

近年来，随着大数据概念的提出以及与之相关的数据科学和信息技术的飞速发展，在大数据基础上的知识发现便应运而生。基于大数据的知识发现与以上述基于数据库与数据挖掘的知识发现具有明显不同的特点。IBM 公司在广受认可的大数据"4V"特征基础上，考虑了数据质量问题，提出大数据具有"Volume""Variety""Value""Velocity""Veracity"5V 特征，即数据量大（Volume），包括采集、存储和计算的量都非常大；种类与来源多样化（Variety），包括结构化数据、半结构化数据和非结构化数据，具体表现为网络日志、音频、视频、图片、地理位置信息等，多类型的数据对数据的处理能力提出了更高的要求；数据价值密度相对较低（Value），或者说是浪里淘沙却又弥足珍贵，随着互联网以及物联网的广泛应用，信息感知无处不在，信息海量但价值密度较低，如何结合业务逻辑并通过强大的机器算法来挖掘数据价值，是大数据时代最需要解决的问题；数据增长速度快（Velocity），处理速度也快，时效性要求高，这是大数据区别于传统数据挖掘的显著特征；大数据时代的数据更多的是在自然条件下收集、储存起来的，在数据产生和存储时，我们通常并没有什么具体的目的；相比过去先有研究目的后收集数据的研究过程，大数据时代先有数据后有研究目的，数据更不易受研究者主观因素的影响（黄欣荣，2014），数据具有更高的真实性（Veracity）。

相应的，在基于大数据的知识发现过程中，各个步骤相对于基于传统数据库的知识发现过程也发生了变化。由于数据量巨大，在数据挖掘与数据分析之前，数据的探索性可视化分析成为必要的一环。因为数据的可视化分析便于研究者了解数据的质量和统计学分布的意义等，从而对数据的精度以及后续的深入分析做出评估（Grady，2016）。数据规模庞大、来源多样且种类繁多的大数据本身能使人从宏观的视角了解数据之间的联系。基于大数据的数据发掘，能聚焦宏观视角中特定的一点，获取大量的细节信息(Pitre & Kolekar，2014)。由于大数据的数据价值密度相对较低，这就要求研究者在数据挖掘过程中使用更先进的手段与技术提取大数据，特别是非结构化大数据中蕴含的有价值的信息。由于数据量的变化，在某些条件下基于大数据的数据挖掘与数据分析，相对传统的注重精确度的统计学分析而言，更加看重对总体趋势的确定(Grady，2016)，例如，在基于大数据的知识发现中，研究者对"相关性"的重视会远超过对"因果性"的重视，这体现出基于大数据的知识发现重要的新特征。舍恩伯格在《大数据时代》一书中提出，建立在相关关系分析法基础上的预测是大数据的核心。大数据相关分析得到的模型，在其建立的过程中不再依赖研究者事先的假设，能够使人们在不知晓现象背后因果关系的情况下，解释过去已发现的现象，并且对未来做出预测。随着各种与大数据相关技术的不断发展，基于大数据的知识发现将会更好地服务于包括教育学在内各个学科的知识管理与知识创生。图 2-3 很好地描述了数据挖掘与大数据的关系。

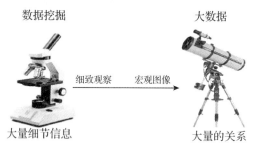

图 2-3 数据挖掘与大数据的关系(Pitre，Kolekar，2014)

2.1.2 DIKW(数据—信息—知识—智慧)模型

从符号、数字以及信号等各种形式的数据中，人们如何获取信息与知识，并最终形成有预见性的智慧？这是所有知识发现方法与技术要面对的问题。数据、信息、知识和智慧有着怎样的关系？人们可以通过建立DIKW(数据—信息—知识—智慧)模型，对这一类问题进行深入的研究。

　　关于 DIKW(数据—信息—知识—智慧)体系的提出，最早可以追溯到美国诗人埃利奥特(Eliot)发表于 1934 年的诗作《岩石》中写到的内容："我们在哪里丢失了知识中的智慧？又在哪里丢失了信息中的知识？"(Where is the wisdom we have lost in knowledge? Where is the knowledge we have lost in information?)。1982 年，教育学家克利夫兰(Cleveland)在埃利奥特的诗句中提取出"信息即资源"的理念。1989 年，管理学家阿科夫(Ackoff)在其论文"从数据到智慧"中系统地阐述了数据、信息、知识和智慧的关系，及其相互间的转化过程。随着近些年学者们对 DIKW(数据—信息—知识—智慧)模型的不断完善，DIKW 模型将数据、信息、知识和智慧纳入如图 2-4 所示的金字塔形的层次体系，各层都具有其独特的特质，相互之间既有联系，又有区别。

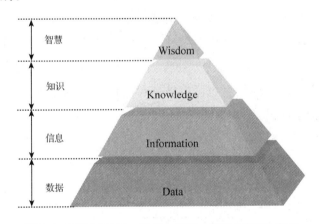

图 2-4　DIKW(数据—信息—知识—智慧)模型示意图

　　数据是被记录与保存的符号和信号，是对事物性质的纯粹表征(Liew，2007)，数据是最原始的素材，没有经过任何的加工处理，没有任何实际意义。当数据经过有目的的处理，并通过各种各样的方式关联起来时，数据就成为被赋予意义的信息了(Curtis & Cobham，2001)。信息是具有逻辑关系的数据，是对数据的解释，可能是有用的，但并非必然有用。信息可以用来回答一些简单的问题，如谁？什么？哪里？什么时候？知识是从相关信息中过滤、提炼和加工而来的有用信息的集合，它包括人对事物的认知、理解，以及了解如何行动的能力。知识通过推理和分析还可能产生新的知识。知识可以回答"如何"的问题，在知识基础上，通过经验、阅历、见识的积累，而形成对事物的深刻认识、远见，体现为一种卓越的判断力和决断力，包括对知识的最佳使用。智慧可以回答"为什么"的问题，智慧是人类独有的一种能力，主要表现为收集、加工、应用和传播知识的能力，以及对事物发展的前瞻性看法。相对于具有确定性的知识而言，智慧是具有非确定性的，非盖然的和外推的过程（Bellinger，Castro & Mills，2004），是具有预见性的高度抽象的过程（Awad & Ghaziri，2004）。

整体来看，知识是双向演进的。一方面，信息由数据经过分类、整合、计算与选择转化而来，并且信息经过提取后进一步转化为知识，智慧则决定了人们如何依据自己的价值观正确地运用知识（Sternberg，1990），从数据到信息、知识、智慧转换的过程中，人为参与的成分越来越多，其价值也越来越高（Rowley，2007）。另一方面，知识也可以通过文本化、可视化的方法外化为信息，而信息也可以被储存和捕捉转化为数据。数据、信息、知识的转化关系如图 2-5 所示（Liew，2007）。

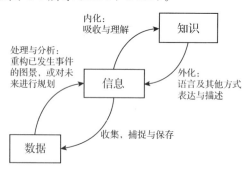

图 2-5　数据、信息、知识间的转化关系（Liew，2007）

图 2-5 揭示了知识是如何从数据中逐步地萃取和提炼出来的。就数据转化为信息的过程来说，随着信息技术发展，越来越多的方法与工具可以被应用于其中。例如，数据挖掘技术、文本挖掘技术、网络挖掘技术、数

据库工具、数据仓库和信息管理系统等。而对于知识发现、知识管理系统、智能知识管理的研究，则积极促进着信息向知识的转化（顾基发，2014）。近年来，基于大数据的相关研究也赋予了 DIKW（数据—信息—知识—智慧）模型更多的意义。例如，通过大数据分析得到具有可操作性的信息，可以对人的行为决策过程提供指导，特别在对偶然性的考量方面可以有效减轻决策者的负担。基于大数据分析的预测模型已成为知识创生的重要来源（Batra，2014），包含巨量数据的数据集，也使得智能知识管理系统能够生成更高层次，且与智慧关系更加紧密的新知识。

2.2　基于大数据的知识发现数据处理

2.2.1　基于大数据的知识发现数据采集

教师在线实践社区中的大数据主要有三个维度：教师实践性知识大数据、教师课堂教学行为大数据以及作为教师在线实践社区中的成员之间关系的大数据，见表 2-1。

表 2-1　教师在线实践社区中的数据来源（改编自：王陆，2012）

数据来源	评估对象	数据形式
远程学习圈	助学者及一线教师	文本形式
同侪互助讨论区	助学者及一线教师	文本形式
"教育诗"等专题活动	助学者及一线教师	多媒体及文本形式
访谈资料	助学者及一线教师	录音与文本形式
调查问卷	助学者及一线教师	文本形式
课堂教学录像（一线教师的数据）	一线教师	视频形式
教学设计文稿	一线教师	文本形式
教师档案袋	一线教师	文本形式
教学反思（个人反思日志，DST 数字故事）	一线教师	文本及视频形式

从表 2-1 中可以看出，教师在线实践社区中的数据资源是通过远程学习圈、同侪互助讨论区和课堂教学录像等多个渠道进行收集的。数据的形式有文本、视频、录音和多媒体 4 种形式。在使用各种方法与技术对收集到的数据资源进行数据挖掘之前，先要将文本、视频等形式的非结构化的数据资源转化为表示教师实践性知识、课堂教学行为以及相互关系的结构化数据。

从教师在线实践社区中收集的课堂教学录像视频中获取教师课堂教学行为的数据，通常通过课堂观察的方法与技术。目前有两种较为常用的教师教学行为分析方法，即编码体系分析方法和记号体系分析方法（王陆，2012）。

编码体系分析方法通常是根据认知理论、教学理论以及专业课程等知识，针对课堂教学录像中师生的公共对话进行信息编码，以实现外化隐性知识，产生能用之于分析教学过程新知识的一种课堂观察分析方法。一般编码体系的信息编码有两个基本目标：描述构建教学质量，这通常与课程标准有直接关系；有效地反映课堂教学的真实情况。因此，针对对话的信息编码包括两方面的任务：一方面要对教学的结构进行编码，另一方面也要对教学过程中实时发生的事件进行编码。在教师在线实践社区的大数据中，较为常用的编码体系分析方法是 S-T 分析方法。通过对教学过程中教师行为（T 行为）和学生行为（S 行为）进行两个维度的编码，可以描述课堂的基本结构与实时发生的事件来观察、分析课堂教学的质量和特征。通过S-T 分析得到的数据，可以进一步计算教学过程中教师行为的占有率和师生行为的转化率，从而确定课程的教学模式，描述教师的教学性格。除了S-T 分析方法，弗兰德斯互动分析系统（Flanders Interaction Analysis System，FIAS）也是一种应用广泛、成熟的课堂行为分析技术。FIAS 把课堂中师生语言互动的情况分为教师语言、学生语言和无效语言 3 个大类，共10 个类别。在课堂中，每 3 秒对课堂语言活动按编码系统规定的意义赋予编码符号，最终得到一个分析矩阵。依据 FIAS 的分析矩阵，可以对课堂互动质量进行诊断。由于 FIAS 编码体系较为复杂，需要分析人员进行一定的训练和积累方可掌握。相对来说，S-T 分析因为编码的行为类别仅有教师行为和学生行为两类，能够大大降低对教学活动进行分类计数的模糊性，提高对教学活动进行分类的客观性和可靠性（王陆，2012）。

记号体系分析方法，是指预先将一些需要观察并且有可能发生的行为列入一张编制好的记号体系观察表中，观察者在每一种计划观察的事件或行为发生时做一个记号记录，并于观察后统计记号数量及观察行为所发生的频次，再进行深入分析的一种观察分析方法（王陆，2012）。在教师在线实践社区中，常用的记号体系分析方法有问题类型分析方法、课堂有效性提问分析方法以及师生对话深度分析方法等。其中，问题类型分析方法是对课堂中教师所提问题的类型进行记录和分析的一种聚焦式课堂观察方法。麦卡锡（McCarthy，1986）在 4MAT 模式中将问题分为 4 种类型，即是何类问题、为何类问题、如何类问题及若何类问题，简称"四何"问题。在数据采集的过程中，观察者按照麦卡锡对这 4 种问题的定义，在事先编制好的问题类型记录表上对教师课堂中每一次可归入"四何"问题的提问进行记录，最终可以得到如表 2-2 所示的"四何"问题的频次以及比例，从而获取教师教学中问题类型的课堂观察数据。类似的，课堂有效性提问分析方法从提出问题的类型、教师挑选回答问题方式、学生回答问题的方式、教师回应的方式、教师回应的态度以及学生回答的类型 6 个方面，分 26 个子维度对教师在课堂中的提问用记号记录，从而得到教师授课中有效性提问的课堂观察数据。师生对话深度分析方法则聚焦于课堂中师生问答对话的深度。师生对话深度可以用级数来表示，一级深度是指教师与学生之间的一问一答，二级深度是指师生之间的两问两答，以此类推。通过在对话深度频次统计表上用记号记录课堂中出现的不同层级深度对话，可以得到教师授课中与学生间对话深度的课堂观察数据。除了上述 3 种分析方法外，较有代表性的记号体系分析方法还有目标学生的非投入行为分析方法等。记号体系分析方法得到的数据结果直接明了，能从多个角度反映教师课堂教学行为的特征。

表 2-2　问题类型记录表

问题类型	评估对象	频次	比例(%)
是何类问题	正正	10	58.8
为何类问题	正	5	29.4
如何类问题	一	1	5.9
若何类问题	一	1	5.9

从教师在线实践社区中收集的教师反思日志可以看出，从同侪互助讨论数据等各种类型的数据中获取教师实践性知识数据，通常采用内容分析法。在进行内容分析时使用了杨卉教授编制的教师实践性知识评价指标体系，该指标体系是运用德尔斐(Delphi)方法，在经过两轮专家的意见收集后形成的，将教师的实践性知识分为了 6 个一级指标(教育信念、自我知识、人际知识、策略知识、情境知识和反思知识)、22 个二级指标和 62 个三级指标(杨卉，2011)。以反思性知识为例，实践性知识评价指标体系在评价教师的反思性知识水平时主要依据斯帕克斯-兰格(Sparks-Langer)等人提出的教学反思思维框架，斯巴克斯-兰格等人提出的教学反思思维框架共包括 7 层模型，如表 2-3 所示。

表 2-3　教学反思分析编码框架(Sparks-Langer，1990)

水平	描述
1	没有描述性的语言
2	普通的，外行的描述
3	事件被用合适的术语标记
4	用传统或个人偏好解释
5	用合理的原则或理论解释
6	用原则/理论解释，并能考虑到背景因素
7	包含对伦理、道德、政治因素思考的解释

对于教师发表在教师在线实践社区中的帖子、提交的个人反思日志、DST 数字故事等文本和视频材料，均可以按照表 2-3 对其进行内容分析，统计不同反思层级指标出现的频数，将非结构化数据或半结构化数据转化为结构化数据，即可得出教师的反思性知识水平评价数据。

要获取教师在线实践社区中成员关系的数据，主要通过社会网络分析方法（Social Network Analysis，SNA）。社会网络分析方法能够测量行动者个体及他们所处社会网络成员之间的错综复杂的关系和连接（Wellman & Berkowitz，1988）。社群图（Sociogram）和社群矩阵（Social Matrix）是社会网络分析中最常用的分析工具（王陆，2009）。通过 NetMiner、UCINET 等软件对教师在线实践社区的数据进行处理与分析，能够得到社区成员间的社群图与社群矩阵，即教师在线实践社区成员关系的数据。

2.2.2　基于大数据的知识发现与数据挖掘方法

数据挖掘是知识发现过程中最为关键的一步，是知识发现的核心步骤。数据挖掘一般是指从大量数据中通过算法提取或挖掘隐藏其中信息的过程。在基于大数据的知识发现过程中，对于采集到的数据，通常先会对数据的平均值与方差等进行描述性的统计分析。此外，也会进行独立样本 t 检验等显著性检验，对数据进行差异性分析等。在进行描述统计分析和差异性分析后，一般会运用以下 5 种典型的数据挖掘方法，进行基于大数据的知识发现。

（1）相关性分析方法

1888 年，弗朗西斯·高尔顿（Francis Galton）爵士提出相关关系大有用途，因为他注意到人的身高和前臂的长度有关系。相关关系背后的数学计算是直接而有活力的，这是相关关系的本质特征，也是让相关关系成为最广泛应用的统计计量方法的原因。但是在大数据时代之前，相关关系的应用很少。因为数据少而且收集数据很难，所以统计学家们更喜欢找到一个关联物，然后收集与之相关的数据进行相关分析来评测这个关联物的优劣。

　　然而，关联物的选择往往是通过一些建立在理论基础上的假想来指导的，往往导致数据分析的结果并能得到有用的知识。因此，这种建立在个人偏见基础上的关联物检测方法在大数据时代已经不再可行。大数据时代，我们拥有海量的数据以及强大的计算能力，所以找到相关关系已经变得更快和更容易了，不再需要人工选择关联物或者仅对一小部分相似数据进行逐一分析了，而是转变为对全数据进行分析了。大数据的相关关系分析法更准确、更快和更为客观（Schönberger & Cukier，2013）。

　　相关关系是指两个或两个以上变量取值之间在某种意义下所存在的规律，其目的在于探寻数据集里所隐藏的相关关系网（李国杰，程学旗，2012）。相关关系的核心是量化两个数据值之间的数理关系。相关关系有强弱之分，相关关系强是指当一个数据值增加时，另一个数据值很有可能会随之增加。相反，相关关系弱意味着当一个数据值增加时，另一个数据值几乎不会发生变化。

　　在统计学上测量这种相关关系的统计量被称之为相关系数。大多数的相关系数是用 0 代表不相关。相关性系数介于 0 和 1 之间时，数值越大相关性越强，数值越小相关性越弱。当相关系数等于 1 时，统计学上则认为两个变量间为函数关系。另外，关系有方向之分，若一个变量增加，另一个变量也增加，称为正相关，相关系数为正；若一个变量增加，另一个变量减少，则称为负相关，相关系数为负。分析两个变量是否有线性的相关关系时，最常用的相关系数是皮尔逊（Pearson）相关系数。皮尔逊相关系数是对符合正态分布的、等隔测度的变量进行相关性分析时使用的相关系数。对于符合上述条件的变量 X 与变量 Y，其皮尔逊相关系数 $P_{X,Y}$ 为变量 X 与变量 Y 的协方差与两个变量各自均方差乘积的比值。假设样本的观测量为 n，则变量 X 与变量 Y 相关系数不为 0 的概率为 $P_{X,Y}[(n-2)(1-P_{X,Y}^2)]^{1/2}$。当相关系数不为 0 的检验显著性系数小于 0.05 时，说明两个变量间有显著的相关关系；当相关系数不为 0 的检验显著性系数小于 0.01 时，说明两个变量间有极为显著的相关关系。在教师在线实践社区中，通过计算皮尔逊相关系数对相关关系进行显著性检验，可以对教师课堂教学行为数据、教师实践性知识数据等各个数据集之间的关系进行分析。对于分类变量的数据或变量值的分布明显非正态或分布不明时，则使用斯皮尔曼(Spearman)相关系数和肯德尔(Kendall)相关系数进行相关性分析(孙逸敏，2007)。此外，对于非线性的相关关系，也可以使用 SPSS 等统计学软件，通过距离相关分析等方法分析其相关性。

在数据挖掘中，关联规则挖掘是从数据背后发现事物之间可能存在的关联或者相关关系的一种方法。1993 年，阿格拉沃尔(Agrawal)等人首次提出关联规则概念(Agrawal，Imielinski & Swami，1993)，1994 年，他们建立了项目集合空间理论并提出了著名的 Apriori 算法(Agrawal & Srikant，1994)。啤酒与尿布的故事是最为典型的关联规则挖掘案例。关联规则就是有关联的规则，其形式定义为：两个不相交的非空集合 X、Y，如果有 $X \rightarrow Y$，则说 $X \rightarrow Y$ 是一条规则。关联规则的强度通过支持度(Support)和置信度(Confidence)来度量，支持度和置信度越高说明关联规则越强。关联规则挖掘通常包括两个阶段：第一阶段，从数据集合中找到所有的高频项目组(Frequent Itemsets)，也称为频繁项集；第二阶段，从这些频繁项集组中产生关联规则(Association Rules)。目前关联规则挖掘算法有 Apriori 算法、基于划分的算法、FP-树频繁集算法等。关联规则挖掘算法已经在金融、超市、电子商务等众多领域得到广泛的应用。

(2)主成分分析方法

主成分分析方法是设法将原来众多的具有一定相关性的变量，例如 n 个变量，重新组合成一组新的互相无关的综合指标。主成分分析法是一种数据降维的方法，它将大量相关变量转化为一组很少的不相关变量，这组不相关变量就称为主成分。通常数学上的处理就是将原来多个指标作线性组合，作为新的综合性指标(张文霖，2005)，同时尽可能保留初始指标的信息。

　　假设初始数据中每个样本是一个 n 维向量，样本总数为 m，则样本数据集可以用一个 $m \times n$ 维的矩阵表示。在主成分分析的过程中，首先要对样本数据进行标准化。标准化后得到的数据矩阵中，任意两个 m 维列向量 X_i，X_j 之间的协方差可以构成一个 n 阶矩阵，即协方差矩阵。将协方差矩阵的特征值从大到小排序，每个特征值对应的特征向量作为列向量按相同顺序即可组成相应的特征向量矩阵。特征向量矩阵中的每一个行向量为主成分分析中各个主成分的解析表达式的系数向量。特征向量矩阵中每个列向量对应的特征值大小与每个主成分解释的方差占总方差的比例成正比。通过特征值的大小，即方差解释率，我们可以得知每个主成分包含信息的多少。特征值某种程度上可以看成是表示主成分影响力度大小的指标。如果特征值小于 1，说明该主成分对于数据集的解释力度还不如直接引入一个原变量的平均解释力度大，因此在确定主成分分析中的主成分个数时，一般将特征值是否大于 1 作为评判标准。

　　通过主成分分析，我们能降低所研究的数据矩阵的维数，并且初始数据中的每一个样本，都可以通过主成分表达式系数矩阵投影到降维后的向量空间重新进行评估。对主成分分析得到的各个主成分的特征值与特征向量矩阵(表达式系数矩阵)进行研究，可以分析出各个主成分与初始变量的关系，从而评估初始数据中各个变量的地位，有助于解释初始数据中各个变量的意义。

　　(3)回归分析方法

　　回归分析方法也是一种相关分析方法，所不同的是一般用于建立统计预测模型，用来描述一个因变量与多个自变量之间的关系，故是一种处理多个变量之间相关关系的数学方法。

　　当自变量为非随机变量，因变量为随机变量时，分析它们之间的相关关系可以采用回归分析方法；当自变量和因变量均为随机变量时，就需要采用相关分析方法。当通过相关分析方法确定采集到的数据中，变量之间存在相关关系后，可以采用回归分析方法获得表征变量间关系的模型的具体公式，即回归方程。回归分析依据模型中回归方程的形式可以分为线性回归分析与非线性回归分析，依据模型中自变量的数量又可以分为一元回归分析与多元回归分析。

通过变量变换，大部分非线性回归问题可以转化为线性回归问题。例如，假设变量 X 与变量 Y 存在形如 $Y = e^{Ax}$ 的非线性关系（其中 A 为常数），可以进行变量变换，令变量 $Z = \ln Y$，即可通过线性回归得到变量 Z 与变量 X 的回归方程，进而得到变量 Y 与变量 X 的回归方程。对于线性回归问题和可以转化为线性回归的非线性回归问题，都可以使用最小二乘法来获得模型中自变量与因变量的回归方程。对于无法转化为线性回归的非线性回归问题，在应用最小二乘法过程中，面对求误差平方和最小的极值问题时，可以使用最优化方法中对无约束极值问题的一种数学解法，单纯形法进行解决（赵增炜等，2008）。

在解决多元线性回归问题时，如果变量间有较高的相关关系，即存在多重共线性，将会导致模型失真或难以估计准确。这种情况下，一种选择是使用逐步回归分析法。逐步回归分析法的基本思想是"有进有出"，即先确定包含若干个自变量的初始集合；从集合外的自变量中引入一个对因变量影响最大的变量引入回归方程；对已引入回归方程中的变量逐个进行检验，当原引入的变量由于后面变量的引入而变得不再显著时，将其剔除。引入一个变量或剔除一个变量，都为逐步回归的一个步骤，每一个步骤都要进行 F 检验，以确保每次引入新变量之前回归方程中只包含对因变量影响显著的变量。反复这个过程，直到既无显著变量引入回归方程，也无不显著变量从回归方程中剔除为止（何晓群等，2001）。另一种选择是，使用主成分分析法对数据集进行降维减少变量个数。对共线性较强的变量，当采取主成分分析法提取了新的变量后，往往这些新变量间会具有较低的相关性。通过降维处理后的数据进行多元线性回归，往往能解决多重共线性的问题。

（4）分类分析方法

分类分析方法是指通过有指导的学习训练找出集中的一组数据对象的共同特点，建立分类模型，并通过分类模型对未知分类的数据进行分类。分类的目的是学会分类器的使用（分类函数或模型），该分类器能把待分类的数据映射到给定的类别中。分类具有广泛的应用，如医疗争端、信用卡系统的信用评级和图像模式识别等。

数据分类的过程一般分为两步：第一步，建立一个模型，描述特定的数据类集或者概念集，具体是通过分析训练数据集来构造分类模型，该分类模型可以用分类规则、决策树或者数学公式等形式给出；第二步，使用模型进行分类，首先评估分类模型的准确性，如果模型的准确性可以接受，则可以用它对未知类别的数据进行分类。

现有的数据分类方法从使用的技术角度主要有以下几种类型：基于距离的分类方法、基于决策树分类方法、贝叶斯分类方法、最近邻分类方法（k-Nearest Neighbor，kNN）、支持向量机（Support Vector Machine，SVM）、向量空间模型（Vector Space Model，VSM）和神经网络等。

（5）聚类分析方法

聚类分析方法作为数据挖掘中一个重要的组成部分，主要用于在潜在的数据中发现有价值的数据分布和数据模式。聚类问题可以定义为：给定 d 维空间的 n 个数据点，把这 n 个点分成 k 个组，满足最大的组内相似性和最小的组间相似性，使不同聚类中的数据尽可能地不同，而同一聚类中的数据尽可能地相似（Reinartz，1999）。

常见的聚类方法可以分为：基于划分的聚类、基于层次的聚类、基于密度的聚类、基于网格的聚类和基于模型的聚类五大类。在教师在线实践社区中，最常用的聚类方法是基于划分的聚类。这种聚类方法是给定聚类数目 k 和目标函数 F，划分聚类算法把样本划分成 k 类，使得目标函数在此划分下达到最优。其实，这类基于划分的聚类算法把聚类问题转化为了一个组合优化问题，从一个初始划分或者一个初始聚点集合开始，利用选代控制策略优化目标函数（赵法信，王国业，2005），基于划分的聚类算法流程示意图如图 2-6 所示。

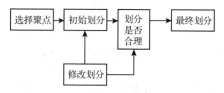

图 2-6　基于划分的聚类算法流程示意图

SPSS 统计软件中提供的 k-means 聚类算法，就是基于划分的聚类算法的一种。通过聚类分析方法，可以将教师在线实践社区的成员按照课堂教学行为大数据、实践性知识大数据等不同数据维度进行聚类，划分为群体内高度相似，群体间具有显著差异性的不同教师群体，从而进一步研究不同群体在课堂教学行为与实践性知识等方面的具体特征。

除了以上分析方法，基于大数据的知识发现中比较具有代表性的数据挖掘方法还有决策树法与人工神经网络方法。其中决策树法是通过一系列规则对数据进行分类的过程，它以信息论中的互信息，即以信息增益原理为基础寻找数据库中具有最大信息量的字段，建立决策树的一个结点，再根据字段的不同取值建立树的分枝，最后在每个分枝中集中重复建树的下层结点和分枝，就可以建立决策树了。采用决策树，可以将数据规则可视化，其输出结果也容易理解。而人工神经网络方法则是建立在可以自学学习的数学模型基础之上的一种数据挖掘方法，它可以对大量复杂的数据进行分析，并可以完成对人脑或其他计算机来说极为复杂的模式抽取及趋势分析。神经网络系统由一系列类似于人脑神经元一样的处理单元组成，我们称之为节点，每个节点实际上是一种特定的输出函数，称为激励函数（activation function）；每两个节点间的连接都代表一个对于通过该连接信号的加权值，一般称之为权重；当有数据输入时，节点便可以进行确定数据模式的工作。神经网络的处理过程主要是通过网络的学习功能找到一个恰当的连接加权值来得到最佳结果，其比较典型的学习方法是回溯法。它通过将输出结果同一些已知值进行一系列比较，不断调整加权值，得到一个新的输出值，再经过不断的学习过程，最后该神经网络得到一个稳定的结果(唐晓萍，2002)。

2.2.3 基于大数据的知识发现知识重组过程

知识重组是指对相关知识客体中的知识因子和知识关联进行结构上的重新组合，形成另一种形式的知识产品的过程(李后卿，2008)。知识重组包括知识因子的重组和知识关联的重组。知识因子的重组是指将知识客体中的知识因子抽出，并对其进行形式上的归纳、选择、整理和排列，这一过程实际上是对知识因子在结构上的重新排序或结构压缩的过程。在此过程中，知识因子间的关联并未改变，因此并未产生新的知识。知识关联的重组是指在相关知识领域中提取大量知识因子，并对其进行分析与综合，形成新的知识关联，从而产生更高层次上的综合的知识产品的过程。由于改变了知识之间的关联，所以知识关联重组的结果可以生成新的知识，也可以提供关于原知识的评价性或者解释性的知识(邱均平，2011)。

1966年，波兰尼(Polanyi)首次将知识划分为显性知识(Explicit Knowledge)与隐性知识(Tacit Knowledge)，这种分类在后来的组织学习及知识管理中被广泛采用。显性知识是可以经过编码以一定的形式记录下来的，可用书面语言、图表、数字公式等表示的，是可以方便地进行传播的知识。隐性知识则是非系统阐述的、非结构化、非编码化的默会知识，具有总量大、价值重要、难以转移等重要特征(周和荣，张鹏程，张金隆，2008)。对于显性知识与隐性知识具体两者间是如何转化的，以及两者是如何在个体间交换与共享的，最有说服力的模型是野中郁次郎(Ikujiko Nonaka)和竹内弘高(Hirotaka Takeuchi)提出的 SECI 模型(Socialization，Externalization，Combination，Internalization，SECI)(Nonaka，Takeuchi，1984)，如图2-7所示。

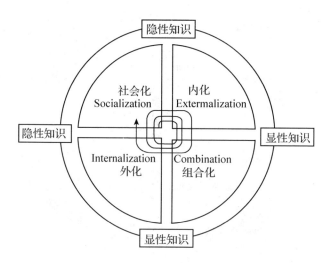

图 2-7　知识转化的 SECI 模型

图 2-7 所示的 SECI 模型表示：知识的社会化其实是一种"潜移默化"的过程，即知识需求者从知识拥有者的经历和经验中学习方法、技能、思维方式等隐性知识，进而转化为自己的经验，生成属于自己的隐性知识，这是隐性知识到隐性知识转化的过程，是知识共享的首要内容；知识的外化是一种"外部明示"的过程，即知识拥有者将自己的隐性知识通过比喻、演绎、推理、归纳等方式表示为显性知识，可以让知识需求者进行学习与领悟，其实质是隐性知识显性化的过程；知识的组合化，是一种"汇总组合"的过程，即知识需求者将已经外化了的概念通过编码、排序、分类、组合等方式，将知识元整合成一个完整有序的知识系统，完成自身知识库的补充与更新，实质上是显性知识整理、萃取、创生为新的显性知识的过程；知识的内化即知识的"内部升华"，是知识需求者的学习吸收过程，只有知识需求者将通过各种方式外化的知识内化为自己的隐性知识，即显性知识隐性化后，知识才能形成为人所用的模式与技巧，知识也才能转变为有价值的"资本"(王陆，2011)。

在教师在线实践社区中，教师进行学习与知识重组的过程是依照库伯(Kolb)的经验学习圈理论所形成包括有具体经验获取、反思性观察、抽象概括和积极实践四个阶段的过程(Kolb，2014)，具体如图 2-8 所示。

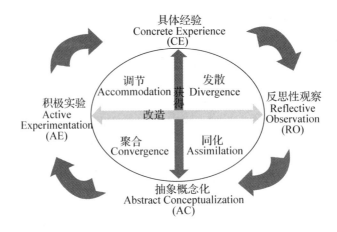

图 2-8　库伯经验学习圈

　　图 2-8 所示的经验学习圈是由 4 个阶段组成的一个闭合的、循环的环状学习圈。在具体经验获取阶段，教师通过学习实践课堂观察方法与技术，从知识的拥有者那里获取其隐性知识，形成自己的隐性知识，完成知识的社会化过程。在反思性观察阶段，教师通过学习与实践教学反思的方法与技术，实现隐性知识的显性化，完成知识的外化过程。在抽象概括阶段，教师通过学习与实践知识建构的方法与技术，将碎片化的显性知识重组为新的、系统的显性知识，完成知识的组合化过程。在积极实践阶段，教师通过学习实践性知识的管理方法与技术，把真正学习到的知识付诸实践，完成知识的内化过程。在这 4 个阶段中，教师通过运用课堂观察方法与技术、教学反思的方法与技术、知识建构方法与技术和知识管理的方法与技术完成了实践性知识这种隐性知识的重组及隐性知识与显性知识的相互转化，实现了教师专业发展中的重要环节。

　　通过获取教师在线实践社区中教师实践性知识的大数据，可以对教师实践性知识建构与重组的过程进行各种定量分析。以教师的策略性知识为例，图 2-9 反映了教师在线实践社区在半年时间内，来自山东省及北京市

共 3 所项目学校 45 名教师于初期、中期和后期 3 个阶段策略性知识数据的
变化情况。

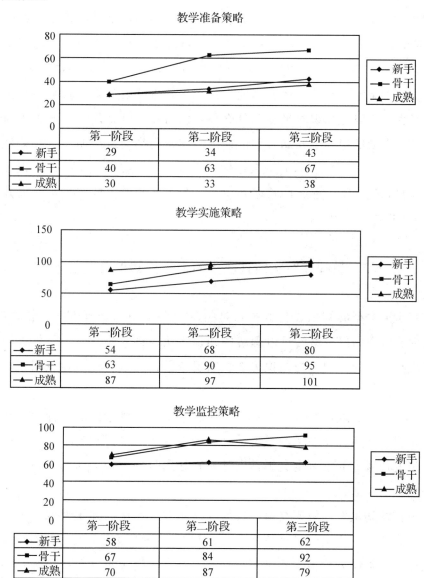

图 2-9　三个教师群体策略性知识变化趋势

图 2-9 所示的 45 名教师包含了教龄低于 5 年的 15 名新手教师、教龄高于 10 年的 15 名成熟教师以及学校重点培养的 15 名骨干教师共 3 种类型。从图 2-9 中可以看出，教师在线实践社区对教师的课前准备策略、课中实施策略，以及课中和课后的监控策略 3 个维度的策略性知识重组均有正向的促进作用；且在初期和中期对教师的策略性知识水平增长促进效果明显，形成了教师策略性知识发展的高速发展期；在中期及后期，教师在线实践社区对教师策略性知识水平提升具有稳定的可持续性作用，形成了教师策略性知识发展的稳固上升期。无论在策略知识的高速发展期还是在策略知识的稳固上升期，45 位教师的策略性知识水平均有提升，策略性知识种类得到丰富，创生了一些新的策略知识，且骨干教师的策略知识水平提升最为显著(王陆，2012)。

2.3 教师在线实践社区中的大数据知识发现服务

基于大数据的知识发现服务，是指从数据集中识别有效的、新颖的、潜在的、有用的以及最终可以理解的知识，从而将专业领域中的数据转变为专业领域中的知识，为知识传播、知识分享、知识转移和知识创新提供必要保障的过程。

教师在线实践社区是由教师、专家以及助学者所组成的一种正式学习与非正式学习相混合的学习系统，是一种由专业人员提供基于大数据的专业知识发现服务的学习型组织，也是一种聚焦教师知识的新的知识管理与知识创生的新途径。

与传统知识发现服务类似，教师在线实践社区中的知识发现服务包含知识发现的 3 个典型阶段：数据采集、数据挖掘和知识重组。教师在线实践社区中，数据采集主要通过两种途径：第一，通过自动录播系统自动采集教师的课堂教学行为大数据；第二，采集教师在线实践社区研修平台中教师、专家和助学者在平台中的日常活动数据，其中包括教师的日常讨论、交流、教学反思、教学设计等隐含教师实践性知识数据，以及社区成员之间关系的大数据。采集得到的大数据被称为原始数据，它们通常是巨量的非结构化或半结构化的数据。如何从这些纷繁复杂的数据中发现知识，则需要进入第二个阶段，即数据挖掘阶段。在执行数据挖掘任务之前首先需要对原始数据进行预处理，包括数据清洗、集成、规约和变换等，从而得到高质量的数据集合，进而可以有效提高数据挖掘的效率。之后，需要选择合适的数据挖掘方法将数据转换为必要的信息。最后，知识重组过程是对数据挖掘得到的信息进一步分析、阐释、挖掘，将信息转化为知识的过程，并对知识因子和知识关联进行结构上的重新组合，实现知识的整理和再生，为知识的分享、转移和创新提供保障。

综上所述，教师在线实践社区中大数据知识发现服务是通过对教师在线实践社区中产生的数据进行采集、挖掘和知识重组的过程，实现教师在线实践社区中各类数据到知识的转换，进而为知识传播、分享、转移以及创新提供服务支持。

2.3.1　教师在线实践社区中知识发现服务的过程模型

美国著名的教育学家大卫·库伯在总结了约翰·杜威（John Devey）、库尔特·勒温（Kurt Levin）和吉恩·皮亚杰（Jean Piaget）的经验学习模式的基础上，提出了经验学习圈理论，即学习的起点或者知识的获取首先来自于人们的具体经验，一个完整的学习过程是由 4 个适应性学习阶段构成的环形结构，具体包括：具体经验获取、反思性观察、抽象概念化和积极实践（王陆，张敏霞，杨卉，2011）。

依据经验学习圈理论，教师在线实践社区包含 4 个网络研修阶段：具体经验获取阶段、反思性观察阶段、抽象概括阶段和积极实践阶段。教师在线实践社区中的知识发现服务作用于这 4 个网络研修阶段，并为每一个阶段的知识转换提供支持与保障，其知识服务模型如图 2-10 所示。

图 2-10　教师在线实践社区知识发现服务的过程模型

如图 2-10 所示，教师在线实践社区知识发现服务的过程模型由 4 个核心部分组成：具体经验获取、反思性观察、抽象概括和积极实践。这 4 个知识发现服务部分分为线上（Online）和线下（Offline）两种服务形态，其中具体经验获取和积极实践属于线下服务形态，而反思性观察和抽象概括属于线上服务形态。

具体经验获取阶段的知识发现服务主要通过基于大数据的课堂观察方法与技术完成。基于大数据的课堂观察方法与技术的主要作用是将以课堂录像为基础的非结构化数据，按照编码体系分析方法和记号体系分析方法对课堂教学行为数据进行汇整、筛选、分类和计算，从而将非结构化数据转化为结构化数据，形成基于课堂教学行为大数据的课例分析报告，完成对课堂的写真，为课堂教学的实践者和课堂教学的研究者提供基于课堂教学行为大数据的知识发现、行为记录和课堂现象描述等，有效地支持将教师个人的实践性知识转化为组织中的实践性知识，实现隐性知识到隐性知识的社会化作用。

反思性观察阶段的知识发现服务主要通过基于大数据的教学反思方法

与技术完成。基于大数据的教学反思方法与技术的主要作用是以基于课堂教学行为大数据的课例分析报告为反思支架，通过在助学者的引领下，课堂教学实践者对课堂教学行为大数据的分析、诠释、推理和比较等，形成为课堂教学的实践者提供个人反思或集体反思的具体信息情境，使课堂教学实践者能够在深入理解课堂中的教学现象的基础上，从对课堂教学的简单回顾，走向对课堂教学的对比分析、批判和重构的深入高阶反思过程，有效地支持将教师个人的实践性知识和组织中的实践性知识外化为显性知识的过程，为知识的创生奠定坚实的基础。

　　抽象概括阶段的知识发现服务主要通过基于大数据的知识建构方法与技术完成。基于大数据的知识建构方法与技术的主要作用是以课堂教学实践者深入反思所转化出的显性知识碎片为基础，在助学者和专家的引领下，对所获得的知识碎片信息进行直觉、领悟，形成信念和价值观，并按照知识因子和知识关联进行结构上的重新组合，实现知识的整理和再生，形成新的显性知识的知识网络，实现显性知识到显性知识的转化过程。

　　积极实践阶段的知识发现服务主要通过基于大数据的知识管理方法与技术完成。基于大数据的知识管理法与技术的主要作用是将在抽象概括阶段知识发现所产生出的新知识网络应用于实践中进行知识的检验、知识的修正和知识的强化，最终通过知识转移与知识转化将显性知识再内化为隐性知识，存储于知识主体中，完成从知识到智慧的涌现过程。由此，教师在教师在线实践社区中经历了一圈完整的经验学习，其具体经验经历了由经验碎片到知识碎片知识发现服务、知识网络优化的知识服务和生成新的高级经验的知识发现服务过程。这一经验学习的过程，不仅是知识发现服务的过程，也是涌现更高级别的知识即智慧的过程，是一个教师知识不断生产与不断进化的知识创新与优化的循环迭代的过程，即教师专业发展的过程。

2.3.2　教师在线实践社区知识发现服务类型

　　基于经验学习圈理论和 SECI 知识转换模型，教师在线实践社区中共

有 3 种知识发现服务类型，如图 2-11 所示。3 种知识发现服务类型包括基
于实践性知识获取与课堂教学行为改进的研修支持服务类型、基于资源流
通与知识转化的再生资源服务类型以及基于存在问题诊断与发展决策支持
的绩效评估服务类型。

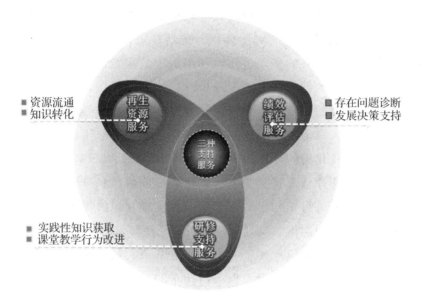

图 2-11 教师在线实践社区中知识发现服务的 3 种类型

　　基于实践性知识获取与课堂教学行为改进的研修支持服务主要服务对
象是一线参加研修的中小学教师。为了更好地促进教师实践性知识的增长
和课堂教学实践行为的改进，教师在线实践社区中提供了两种类型共 12 种
研修支持服务。首先，面向实践性知识获取的研修支持服务包括校本研修、
参与式培训、在线课程、同侪互助和交流分享等服务。其次，面向课堂教
学行为改进的研修支持服务包括课堂观察与诊断、知识萃取与构建、改进
咨询、远程学习圈、认知学徒制、项目研修和数据分析与干预等服务。教
师在线实践社区还可以通过这 12 种研修支持服务的不同组合，形成为教师
提供个性化的教师专业发展支持服务的解决方案。

（1）面向实践性知识获取的研修支持服务

面向实践性知识获取的研修支持服务主要通过设计与实施知识的社会化、外化、组合化和内化的混合式学习活动促进研修教师对实践性知识的获取、积累、建构、共享、传播、聚合与创新，最终实现参加研修教师实践性知识的快速增长。教师实践性知识的增长是教师专业发展的一个核心目标。通过对教师平台讨论、教学反思、教学设计文档、任务作业、课堂视频等原始资源进行开发加工可以获得教师实践性知识大数据。在此数据基础上可以开展系列知识发现服务。例如，教师实践性知识总体特征的知识发现服务，寻找教师实践性知识中的短板知识发现服务，不同类别教师的实践性知识特征发现服务，实践性知识发展的动态特征发现服务，研究研修教师各类知识的动态发展特征等。所有的知识发现服务的目的都指向教师实践性知识的获取、共享、传播与发展。

面向课堂教学行为改进的服务以支持教师课堂教学行为改进为核心目标。通过课堂观察方法与技术对教师课堂教学行为进行定格、扫描、统计、描述与记录等，形成课堂教学行为大数据，并基于课堂教学行为大数据，提供知识发现服务。例如，对教师提问行为倾向的知识发现服务，不同类别教师课堂教学行为特征的知识发现服务，影响课堂行为关键因素的知识发现服务，基于教师课堂行为发展轨迹数据的知识发现服务，课堂教学行为与实践性知识之间的相关性知识发现服务等。基于课堂教学行为大数据的知识发现服务可以有效地促进教师进行反思、分析、推论，并由此促使教师的教学实践行为改进，最终达到优化教与学过程的目的。

（2）基于资源流通与知识转化的再生资源服务

基于资源流通与知识转化的再生资源服务的对象是从事课堂教学的研究人员和一线研修教师。资源是教师在线实践社区中的主要问题（Arya，Margaryan & Collis，2003），也是教师在线实践社区中的重要调控要素之一。教师在线实践社区中，资源建设与流通的原理与通常意义的资源建设有着明显的不同。多种在线技术被用来支持社区中的劳动分工，这种分工会导致实践社区中的专业熟手对外围参与且不太熟练的专业新手以专业发展的干预，从而进一步促进实践社区中的资源与知识的流通和再生（Schlager & Fusco，2003）。

教师在线实践社区中的专业学习是一种动态学习（Dynamic Learning），其资源的流动性也是其动态性的一种特征，资源会从最初的初级资源，伴随专业学习与培训活动，发展为再生资源，最终经过知识抽取与表征而成为高级资源（王陆，杨卉，2010）。资源流通与再生路径示意图如图 2-12 所示。

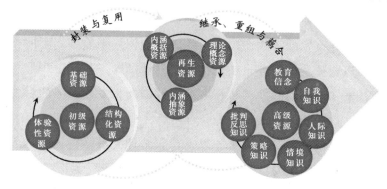

图 2-12　教师在线实践社区中的资源流通与再生路径

教师在线实践社区中再生资源服务提供两种典型的服务：资源流通服务和知识转换服务。资源流通服务是一种促进教师在线实践社区中的初级资源向再生资源转换，并最终发展为高级资源的转变的服务过程。教师在线实践社区中的初级资源是指没有做过任何开发和处理的原生态素材性资源。教师在线实践社区中的素材性资源包括通过自动录播系统采集而来的课堂视频和通过在线实践社区平台采集而来的教师日常交流、讨论、反思等产生的平台原始数据等资源。正如博尔诺（Borno）所说，针对教师的课堂实践记录是教师学习的关键内容，课堂实践记录是促进教师专业发展与教学变革的有力工具（Borno，2004）。教师的讨论帖、反思日志、教案、教学设计等资源中蕴含了丰富的教师实践性知识。再生资源是指通过对初级资源的开发加工，以及封装和复用而生成的使原有资源效用得以延伸的资源。在知识发现服务的过程中，可以通过数据挖掘中的数据预处理方法得到再生资源。例如，对课堂视频原始资源采用视频案例分析法进行课堂教学行为分析生成课堂教学行为分析报告；对在线平台讨论帖、个人作业等原始资源采用内容分析法，将隐含的实践性知识显性化等。对再生资源的继承、重组及耦合等加工处理后，对研修教师的公共知识进行知识萃取之后所形成的新的实践性知识以及新的认知就是高级资源了。例如，对大量的课堂教学行为大数据进行数据挖掘和知识重组，获得教师的教学行为特征；对显性化后的实践性知识进行数据挖掘和知识重组，揭示教师实践性知识的发展特征和规律等。伴随着高级资源的诞生，教师在线实践社区中的成员必然也会发生"调节—发散—同化—聚合"四种典型的教学实践改进行为，从而得到专业的发展。综上所述，知识发现服务为资源流通和再生过程的各个阶段均提供了支持和保障服务。

　　教师在线实践社区中的再生资源服务包含的第二类服务就是知识转换服务。真正的知识共享就是一种学习（Senge，1997），是一种使他人获得有效行动力的过程。日本学者野中郁次郎和竹内弘高从知识转化的角度提出知识共享就是个人与组织之间、隐性知识与显性知识之间互动的过程，因此，知识共享会高度依赖于个体的主动性及团队内的交互作用，知识共享的模式包括社会化、外化、组合化和内化 4 个组成部分。知识发现服务的过程模型中，具体经验获取、反思性观察、抽象概括和积极实践 4 个核心部分之间的过渡蕴含着知识的转换过程。从具体经验获取到反思性观察阶段过渡的过程是知识的社会化过程，教师使用课堂观察方法与技术学习他人的教学方法、技能和思维方式等隐性知识，进而转换为自己的经验，完成隐性知识到隐性知识的转化过程；从反思性观察到抽象概括阶段过渡的过程是知识的外化过程，通过助学者和专家帮助教师将隐性知识以隐喻、演绎、推理和归纳等方式表示为显性知识，通过教学反思方法与技术让教师进行直觉和领悟，完成隐性知识显性化的外化过程；从抽象概括阶段到积极实践阶段过渡的过程是知识的组合化过程，教师在专家的帮助下将已经显性化的知识通过编码、排序、分类、组合等知识构建方法与技术进行整理、萃取和创生，从而生成新的显性知识；最后，从积极实践阶段到下一轮具体经验获取阶段的过渡是知识的内化过程，是教师在实践过程中不断学习的吸收过程，通过知识管理方法与技术将生成的新的显性知识内化为教师自己的隐性知识，完成显性知识到隐性知识的转化过程。整个知识转化的过程伴随着资源的再生过程，从基于大数据的课例分析报告，到教学反思日志或数字故事（DST），再到概念图等可视化知识表达作品，以及新的优化的教学设计实施方案等，都是知识转化过程中的再生资源。

（3）基于存在问题诊断与发展决策支持的绩效评估服务

基于存在问题诊断与发展决策支持的绩效评估服务的服务对象是中小学教学领导，包括教研组长、教科研主任、教学副校长及校长等。教师的绩效评估是对教师专业学习的评估。针对教师的绩效评估强调评价教师的调查与推理能力（Gitomer & Duschl，1995），要求在绩效评估时，教师应该将自己的知识和技能应用于具体的教学情境中（Wiggins，1993），评估侧重于教师对知识的应用与推理。教师的专业发展可以聚焦于两个目标：教师的实践性知识的构建及教师课堂教学行为的改进。所以，教师的实践性知识评估和教师课堂教学行为的改进是绩效评估服务的核心内容。

教师在线实践社区中的知识发现服务所提供的绩效评估服务包括实践性知识的获取，描述教师实践性知识的变化趋势，总结教师实践性知识发展和变化规律；课堂教学行为的改进，描述教师课堂教学行为的改进特点与规律。

教师在线实践社区中的绩效评估服务需要从多种渠道进行数据的收集，并且数据收集必须按照一定的时间间隔进行多次采集，从而描述教师绩效变化趋势，寻找教师专业发展的规律。采集的数据来源包括线下的课堂教学视频，线上的讨论内容、活动数据、教学设计、教学反思等形式多样的数据。在此数据基础上，采用以下 4 种方法对数据进行分析处理：内容分析法（Content Analysis），主要用于分析讨论帖、教学设计文档、教学反思日志等文本数据；视频案例分析法（Video Case Analysis），主要分析课堂教学视频中的教师教学行为和实践性知识；统计分析法（Statistical Analysis）和数据挖掘（Datamining）方法，主要对定量数据进行综合处理，发现数据中隐含的内在规律。最后，通过将发现的教师专业发展规律应用到实践中，绩效评估中数据采集和数据处理两个过程是一种互相循环迭代的过程，数据采集的结束会进入数据处理阶段，数据处理阶段的结果会导致研究者的再次数据收集（王陆，张敏霞，2011）。在绩效评估过程中，知识发现服务可以提供如下的支持：通过绩效评估发现教师专业发展的内在规律，从而对教师专业发展中存在的问题提供诊断服务，进而为教师专业的发展提供决策支持服务。

【本章参考文献】

[1]黄欣荣. 大数据对科学认识论的发展[J]. 自然辩证法研究，2014，30(9).

[2]冀津，徐志立. 知识地图——实现高校教师知识共享的重要工具[J]. 电脑知识与技术，2010(20).

[3]李国杰，程学旗. 大数据研究：未来科技及经济社会发展的重大战略领域——大数据的研究现状与科学思考[J]. 中国科学院院刊，2012(6).

[4]李后卿. 图书情报学领域中的知识问题研究[M]. 长沙：湖南科学技术出版社，2008.

[5]邱均平. 知识管理学概论[M]. 北京：高等教育出版社，2011.

[6]孙逸敏. 利用 SPSS 软件分析变量间的相关性[J]. 新疆教育学院学报，2007，23(2).

[7]唐晓萍. 数据挖掘与知识发现综述[J]. 电脑开发与应用，2002，15(4).

[8]王陆，杨卉. 基于真实性评估的教师专业学习与培训[J]. 电化教育研究，2010，31(10).

[9]王陆，张敏霞，杨卉. 教师在线实践社区（TOPIC）中教师策略性知

识的发展与变化[J]. 远程教育杂志，2011(4).

[10]王陆，张敏霞. 课堂观察方法与技术[M]. 北京：北京师范大学出版社，2012.

[11]王陆. 教师在线实践社区 COP 的绩效评估方法与技术[J]. 中国电化教育，2012(1).

[12]王陆. 教师在线实践社区的研究综述[J]. 中国电化教育，2011(9).

[13]王陆. 虚拟学习社区的社会网络分析[J]. 中国电化教育，2009(2).

[14]杨卉. 教师网络实践共同体研修活动设计理论与实践[D]. 兰州：西北师范大学，2011.

[15]张敏霞，房彬. 教师在线实践社区中的资源建设理论与技术[J]. 中国电化教育，2011(9).

[16]张文霖. 主成分分析在 SPSS 中的操作应用[J]. 市场研究，2005(12).

[17]赵法信，王国业. 数据挖掘中聚类分析算法研究[J]. 通化师范学院学报，2005，26(2).

[18]赵增炜，刘岭，王文昌. 非线性回归的线性拟合加权最小二乘估计[J]. 中国医院统计，2008(1).

[19]周和荣，张鹏程，张金隆. 组织内非正式隐性知识转移机理研究[J]. 科研管理，2008(5).

[20]Agrawal R.，Imielinski T.，& Swami A.. Mining association rules between sets of items in large databases[C]. Berlin：Springer，1993.

[21]Agrawal R.，& Srikant R.. Fast algorithms for Mining Association Rules in large database[C]. In proceedings of the 20th International Conference on Very Large Databases[C]. Morgan Kaufman Publisher Inc.，1994.

[22]Arya K.，Margaryan A.，& Collis B.. Culturally Sensitive Problem Solving Activities for Multinational Corporations [J]. Tech Trends，2003，47(6).

[23]Awad E. M.，Ghaziri H. M.. Knowledge Management[M]. New Jersey，CA：Pearson Education，2004.

[24]Batra S.. Big Data Analytics and its Reflections on DIKW Hierarchy[J]. Review of Management，2014，4(1/2).

［25］Bellinger G. , Castro D. , & Mills A. . Data, Information, Knowledge and Wisdom［G/OL］. ［2018-06-27］http：//www. systems-thinking. org/ dikw/dikw. htm.

［26］Borno H. . Professional Development and Teacher Learning：Mapping the Terrain［J］. Educational Researcher, 2004, 33(8).

［27］Cios K. J. , & Kurgan, L. A. . Trends in data mining and knowledge discovery. In Advanced Techniques in Knowledge Discovery and Data Mining, Advanced Information and Knowledge Processing［C］. London：Springer, 2005.

［28］Cleveland H. . Information As a Resource［J］. Futurist, 1982, 16(6).

［29］Curtis G. , & Cobham D. . Business Information Systems：Analysis, Design and Practice［M］. Harlow：Financial Times Prentice Hall, 2001.

［30］Fayyad U. , Piatetsky-Shapiro G. , & Smyth P. Knowledge discovery and data mining：Towards a unifying framework［C］. International Conference on Knowledge Discovery and Data Mining, AAAI Press, 1996：82-88.

［31］Fayyad U. . Knowledge Discovery in Databases：An Overview［J］. AI Magazine, 2001, 13(3)：57-70.

［32］Gitomer D. H. , & Duschl R. A. Moving toward a Portfolio Culture in Science Education［A］. In Glynn, S. M. (ed.)Learning Science in the Schools：Research Reforming Practice. Mahwah, NJ：Lawrence Erlbaum Association, 1995, pp. 299-326.

［33］Glynn S. M. , & Duit R. Learning Science in the Schools, Research Reforming Practice［M］. Mahwah, NJ：Lawrence Erlbaum, 1995.

［34］Grady N. W. . Knowledge Discovery in Data Science：KDD meets Big Data［C］. 2016 IEEE International Conference on Big Data IEEE, 2016：1603-1608.

［35］IBM Center for the Bussiness of Goverment. Realizing the Promise of Big Data：Impliminting big data projects［R］. ［2018-7-12］. http：//

www. bussiness of goverment. org/sites/default/fibes/Rea/izing ％20 the ％ 20 promise ％20 of ％20 Big ％20 Data. pdf.

[36]Jennifer R. . The wisdom hierarchy：representations of the DIKW hierarchy[J]. Journal of Information Science，2007，33(2).

[37]Jifa G. . Some Comments on Big Data and Data Science[J]. Annals of Data Science，2014，1(3-4).

[38]Kolb D. A. . Experiential learning：experience as the source of learning and development[M]. Englewood：Prentice Hall，2014.

[39]Liew A. . Understanding Data，Information，Knowledge And Their Inter-Relationships [J].Journal of Knowledge Management Practice，2007，8(2)：1-16.

[40]McCarthy B. . The 4MAT system：Teaching of learning styles with right-left hode techique[M]. Barrington. IL：Excel Inc. ，1986.

[41]Nonaka I. ，& Takeuchi H. . The Knowledge-Creating Company [M]. Oxford University Press，NY，1984.

[42]Piatetsky-Shapiro G. . Discovery of strong rules in database[A]. In Piatetsky-Shapiro G. Frawley W. J. ，eds. Knowledge diswvery in database. Menlo Park，CA：AAAI/MIT，1991：238-299.

[43]Pitre R. ，& Kolekar V. . A Survey Paper on Data Mining With Big Data[J]. International Journal of Innovative Research in Advanced Engineering(IJIRAE)，2014，1(1).

[44]Reinartz T. Focusing Solutions for Data Mining：Analytical Studies and Experiental Results in Real-world Domains [C]. Berlin：Springer，1999.

[45]Schlager M. S. ，& Fusco J. Teacher Professional Development，Technology，and Communities of Practice：Are We Putting the Cart before the Horse? [J]. Information Society，2003，19(3).

[46]Schönberger V. M. ，& Cukier K. Big Data：A Revolution That Will Transform How We Live，Work，and Think [M]. Eamon Dolan/ Houghton Mifflin Harcourt，2013.

[47]Senge P. M. Sharing Knowledge [J]. Executive Excellence，1997，

14(11).

[48]Sparks-Langer G. M. ，Simmons J. M. ，& Pasch M. ，et al. Reflective Pedagogical Thinking：How Can We Promote It and Measure It? [J]Journal of Teacher Education，1990(5).

[49]Sternberg R. J. (ed.). Wisdom：Its Nature，Origins，and Development[M]. New York：Cambribge Vniversity Bress，1990.

[50]Tom W.. Hadoop：The Definitive Guide [M]. Sebastopol：O'Reilly Media，2012.

[51]Wellman B. ，& Berkowitz S. D. Social Structures：A Network Approach[M]. New York：Cambridge University Press，1988.

[52]What main methodology are you using for your analytics，data mining，or data science projects? Poll[DB/OL]. [2015-10-15] http：// www. kdnuggets. com/polls/2014/analytics-data-mining-data-science-methodology. html.

[53]Wiggins G. Assessment：Authenticity，Context，and Validity[J]. Phi Delta Kappan，1993，75(3).

第3章　课堂教学行为大数据的知识发现

所谓行为是指受思想支配而表现出来的活动(中国社会科学院语言研究所词典编辑室，2016)。教师行为是指教师为实现教育教学目标或意图所采取的一系列具体的行动(林正范，徐丽华，2006)。课堂教学行为是指教师引起、维持或促进学生学习的所有行为，也就是教师为了促进学习者完成学习行为而进行的支持性、服务性、指导性的活动总和(李松林，2005)。教师的教学行为会因其教学价值取向的不同而具有不同的教学倾向。教师的每种具体教学行为的取向，都是各种具体教学价值取向综合作用的结果(罗儒国，王姗姗，2008)。教师在课堂中的教学行为是追寻价值、创造价值、为价值所充溢的生命活动的体现，也反映出教师个体和教师群体的特定的价值取向。

目前，针对课堂教学行为的研究，在方法上，是以描述性案例为主的，缺少学理分析，特别缺少对课堂教学行为的理论研究，致使该项研究还较多地停留在行为关注的层次上；在研究结果上，虽然多数研究对课堂教学行为进行了调查分析，但由于缺少对数据资料的科学、系统分析，因而较难给出恰当的策略建议(盖立春，郑长龙，2010)。

利用课堂教学行为大数据，从教学现象的观察与描述中研究课堂教学，发现基于教学现象的教学规律，努力摆脱涂尔干所批判的"主观臆想式的研究"，以课堂为研究田野，以分析教师课堂教学行为为研究视角，揭示当前中小学课堂中的教学现象，寻求中小学课堂教学的一些教学规律，为改进与优化课堂教学，从而为开展面向教师专业发展的实践性研究奠定重要的基础。

3.1　课堂教学行为分析与研究

教学行为是教师素质、教学理念、教学能力的外在表现，是教师专业知识、教学技能和教学经验的具体应用（闫龙，2007），也是构成教学现象的基础要素。课堂教学行为既包括教师个体、学生个体在课堂教学中的个性行为及其差异，又包括教师集体、学生集体的共性行为（王鉴，2006）。教师的课堂教学行为与教师的实践性知识之间具有相互影响的双向作用。教师的课堂教学行为是由教师的实践性知识决定的；反过来，教师的课堂教学行为也对教师的实践性知识具有强化与重构的作用。教师教学行为的有效性通常取决于教师的实践性知识、自我效能感和教学监控能力（吴银银，2015）。教师只有通过在真实课堂中的积极实践，在行动中不断地随着情境的变化改善自己的教学行为，才能在不断地提升课堂教学有效性的前提下，培育与发展自己的实践性知识。

克瑞兹（Kratz）可能是最早对课堂教学行为进行分析研究的研究者（张建琼，2005）。自 20 世纪六七十年代起，教学行为研究开始成为一个专门的研究领域，并逐渐成为教育研究的热点（闫龙，2007）。当前，教学行为研究已经成为课堂教学研究的有效方式之一，并且得到普遍的重视和应用。无论是专业研究者，还是中小学一线教师，通过对课堂教学行为的观察、记录和分析，都可以发现课堂教学存的问题，从而反思教师教学的不足，达到改善教学方法、提高课堂效率、提升教师专业水平的目的（魏宏聚，2009）。

由于言语行为是课堂中最主要的教学行为，占所有教学行为的 80% 左右（Flanders，1970），因此，课堂言语行为为课堂教学行为的分析提供了充足的样本（王陆，刘菁，等，2008）。

　　从佐藤学教授对国外经典的课堂教学行为研究的总结与归纳可以看出，国外具有代表性的课堂教学行为分析包括：佛兰德斯（Flanders）的互动分析，即运用 10 个分析范畴，采用固定时间间隔记录教学中的师生行为，并借助矩阵表示其数据，按领域做出多种分析；贝拉克（Bellack）的教学行为分析是参照维特根斯坦（Wittgenstein）的语言游戏理论设定的，即将课堂中师生沟通的发言作为行为研究对象，从拥有内容性含义与社会性功能两个侧面进行行为分析；梅汉（Mehan）的课堂对话分析则是以师生日常沟通结构以及秩序为基础，聚焦师生间得以社会性建构的具体情形，提供了重新探讨学校文化的规范与管理的契机；卡兹顿（Cazden）的社会语言学分析以社会语言学为基础，将教室中的对话提炼为课程的话语、控制的话语和个人自我认同的话语功能，阐明教与学语言使用的特征和人际关系（佐藤学，2016）。

　　与国外丰富的课堂教学行为研究成果相比，国内有关这方面的系统研究尚不多见。在这些有限的研究中，能产生一定影响且相对较为系统的课堂教学行为的研究主要是以课堂教学策略、课堂教学程序与方法或课堂教学模式等研究形式出现的。比如，施良方、崔永漷的课堂教学策略研究，傅道春的教学行为人类学研究和吴康宁的教学行为社会学研究等（魏宏聚，2009）。也有关注不同教师群体的教学行为研究，如俞国良教授等人聚焦专家—新手型教师的教学行为的比较研究，依据教学过程，从课堂规则、教材呈现、集中学生注意的技巧、课堂练习和教学策略的运用 5 个方面展开系统性观察研究，得出不同类型教师教学效能感对其教学行为的影响规律（俞国良，1999）；以及对有效教学与低效教学的课堂行为差异进行的研究（王曦，2000）。

　　复杂网络的研究者巴拉巴西（Barabasi）是第一个提出大数据可以对人类的思想和行为进行测量和量化的学者。巴拉巴西指出，人类约 93％ 的言行都可以被预测，由此引出了大数据带来的思维变革（黄欣荣，2015）。大数据作为一种重要的科学认识工具，已经将数据化从自然世界延伸到人类世界，原先只能进行定性研究的人类思想和行为，如今也逐渐被数据化了（黄欣荣，2014）。然而，对课堂教学行为大数据的研究在全世界都还是个崭新的领域，相关研究成果并不多见。

国外对教师课堂教学行为进行定量研究的代表性成果有：心理学家史蒂文斯（Stevens）在经过 4 年的实证研究后发现，教师在课堂上的提问数量格外惊人——美国的教师平均每天大约提问 395 个问题，教师每分钟约问 2～4 个问题，约 80% 的教学时间是教师的提问时间（Wilen & William，1987）；佛兰德斯（Flanders）在针对课堂行为进行大量定量研究后，总结归纳得出了"课堂的三分之二律"，即课堂时间的三分之二用于讲话，讲话的三分之二为教师讲话，教师讲话的三分之二是教师单向对学生讲话（Flanders，1970）；南希（Nancy）和珍妮（Jeanne）在对小学课堂的定量研究后发现，在平均 30 分钟一节课的课堂上，教师提问的问题 75% 属于事实性问题或者文字语言方面的问题（Nancy & Jeanne，2011）。

王陆教授带领的科研团队已经开展了近 18 年的课堂教学行为大数据的研究。其结果发现，课堂教学行为大数据共有模式数据、关系数据、结构数据和行为数据 4 种类型，如表 3-1 所示。

表 3-1　4 种典型的课堂教学行为大数据（王陆，蔡荣啸，2016）

数据类型	数据意义
模式数据	反映教学模式要素及要素之间的关系
关系数据	反映课堂中行动者之间的相互关系结构
结构数据	反映为完成一定的教学目标、构成教学的诸因素在时间、空间方面所呈现的比较稳定的倾向与流程
行为数据	反映教与学行为主体的行为特征

王陆教授自 2000 年起带领科研团队一直从事基于课堂教学行为大数据的系列研究，先后出版了《信息化教育科研方法——发挥技术工具的威力》（王陆，刘菁，等，2008）和《课堂观察方法与技术》（王陆，张敏霞，2012）

等学术专著,并进行了教师个案教学行为与模式的分析(王陆,林司南,2004;杨卉,温志华,2004),基于教师策略性知识的群体教学行为分析(王陆,张敏霞,杨卉,2011),基于群体反思的教学行为分析(王陆,2012),高中数学教师的教学行为特征分析(张敏霞,2012),教师的提问倾向研究(王陆,蔡荣啸,2016)及面向教师课堂教学行为整体样貌的分析(王陆,2016)等。多维度的系统研究发现,在不同教育水平地区,教师存在显著的教学行为差异;在教育强区中,课堂教学行为具有最高的问题开放性,最突出的问题解决倾向,以及课堂中普遍缺乏创造性问题与批判性问题等研究成果。

按照基于课堂教学行为大数据的课堂观察方法与技术(王陆,张敏霞,2012),课堂教学行为研究涉及的有:教师行为占有率、师生行为转换率、教师的问题类型、教师挑选学生回答方式、学生回答方式、学生回答类型、教师回应方式、教师回应态度、师生对话深度和课堂问题结构等。

3.2　提问行为倾向的知识发现

教学是由问题构成的。教学的一切都可以说成是问题的衍生物。教学过程是师生基于问题解决学习的互动过程(朱德全,2006)。换句话说,教学的逻辑起点是问题。对教学质量的研究,应该从对问题的水平分析开始,而教师把问题带入教学中最常用的办法就是课堂提问。

提问是中小学教师使用最多的课堂教学行为,同时,提问也是最古老和最常用的教学方法。有研究指出,在课堂提问及其所产生的课堂对话等行为上,教师表现出了泾渭分明的教学倾向:以行为主义为价值取向的教师,一般会采用封闭的良构型问题,并且在教学中直接把问题提出给学习者,视"问—答"式训练等同于问题解决的基本途径;而以建构主义为价值取向的教师,则会多提出中构型的开放性问题,并强调问题在具体情境中的产生与呈现,把建构作为问题解决的主要途径(胡小勇,2005)。张亚明的研究显示，当前课堂中教师的提问倾向是封闭的良构型问题：教师提问过于频繁且提问内容有三分之二属记忆性问题；而课堂上过于机械式的提问，容易造成学生思维慵懒或做出粗浅、不合逻辑的反应；课堂中快速与过多的提问，又会阻遏学生酌情度理、慎思明辨的能力的发展，并剥夺学生应需的辅导（张亚明，2012）。

威伦（Wilen）等人的研究从提问问题的表述与认知水平两个方面提出了改善课堂提问的策略方案。提问问题的表述包括：问题的适当水平、容许思考时间、集体—个人的平衡、自愿和非自愿的参与、追问，以及适当的言语水平 6 个维度。提问问题的认知水平包括：认知—记忆水平、聚合思维水平、发散思维水平和评价思维 4 个层级（Wilen & Ishler，2000）。

3.2.1　研究方法

提问行为倾向研究的主要研究方法之一是视频案例分析法，包括：编码体系分析方法和记号体系分析方法。编码体系分析方法通常是根据认知理论、教学理论以及专业课程等知识，针对课堂教学录像中的师生对话进行信息编码，以实现外化隐性知识，产生能用于分析教学过程新知识的一种课堂观察分析方法。记号体系分析方法是指预先列出一些需要观察并且有可能发生的行为，观察者在每种要观察的事件或行为发生时做个记号，其作用是核查所要观察的行为有无发生。记号体系分析方法都有严格的教育研究背景和理论支撑，到目前为止，比较常用的记号体系分析方法有：有效性提问分析、教师理答方式分析、4MAT 分析、对话深度分析等（王陆，张敏霞，2012）。其中，与提问教学行为有关的记号体系分析内容包括了 8 种不同水平的问题类型："是何问题""为何问题""如何问题""若何问题""记忆性问题""推理性问题""创造性问题""批判性问题"。

主要研究方法之二是 IRT 模型法，即项目反应理论方法（Item Response Theory，IRT）。IRT 模型法采用国际上先进的教育和心理测量理论,认为一切测量都是基于项目(Item)的,并且可以通过测量研究对象在某几个项目中的反应来预测其潜在的特质。所谓项目是指研究者进行分析的一般因素和子域(Subdomains)(Felix & Friederike,2012)。本案例将上述8种教师提问的问题类型定义为项目,并使用IRT模型法预测教师在提问教学活动中的教学倾向(戴海琦,2006)。IRT模型法有其理论假设:第一,单维性,即所测验的项目都是测量的同一种教学倾向;第二,独立性,即项目间不存在相互关联关系;第三,所测项目能够正确反映概率与预测教学倾向之间的函数关系,满足S形曲线特征,也被称为项目特征曲线。IRT模型法有着严格的数据格式的要求,通常该种方法会采用0-1二级计分模式,即当被试正确反应某一项目时,则记为1,反之记为0。在本案例中,研究者通过统计教师在课堂提问中对8个项目的反应次数,并与研究团队近18年来积累的测量数据的常模即平均值进行对比,当教师的反应次数超过平均值时则记为1,反之记为0,从而将教学行为大数据转换为0-1二值数据进行处理,并建立被试教学倾向与被试在某个项目正确反应的概率之间关系的数学模型。IRT模型法是基于数学模型定量预测被试教学倾向的一种方法。一般来说,由于逻辑斯蒂(Logistic)模型与正态卵形模型极为接近,根据已经论证了正态卵形模型合理性的心理学建模方法,故在IRT模型法中多采用逻辑斯蒂模型(余嘉元,1992)。逻辑斯蒂模型又分为多种参数模型,根据项目参数的不同,分为单参数模型、双参数模型和三参数模型。本案例根据赤池信息量准则(Akaike Information Criterion,AIC)(刘璋温,1980)和贝叶斯信息量准则(Bayesian Information Criterion,BIC)(夏飞,张玲芳,2007)的简化最优原则,根据最小值原则进行模型的选择,即可通过对每位教师的提问教学行为预测其教学行为倾向了。

主要研究方法之三是归纳法与演绎法。归纳法是可以使研究者从足够多的个体信息中归纳出关于总体的特征而发现新知识的一种基本方法(李金昌,2009)。在大数据的分析过程中,仅重视一般特征的归纳与概括是不够的,还需要分析研究子类信息乃至个体信息,以及某些特殊的、异常的信息，需要通过已经掌握的分布特征和相关知识与经验去推理分析其他更多、更具体的规律，去发现更深层次的关联关系，去对某些结论做出判断，这就需要同时运用演绎法。只要归纳法与演绎法结合得好，我们就既可以从大数据的偶然性中发现必然性，又可以利用全面数据的必然性去观察偶然性、认识偶然性，甚至利用偶然性，从而提高驾驭偶然性的能力（孔文，李清华，2007）。

3.2.2 研究案例

本案例首先采用多次分层抽样法，以 B 市的教育发达地区 D 区、教育中等发达地区 F 区和教育发展中地区 M 区为 3 个数据采集地；其次，使用分层定比抽样法，从 D 区、F 区和 M 区中按照新手教师、胜任教师和成熟教师 1∶1∶1 的比例各抽取了 36 名教师，即 108 名教师的课堂视频案例作为本案例的数据样本，其中文科 56 节课、理科 52 节课，小学 59 节课、中学 49 节课，尽量做到所抽取的数据样本具有足够的代表性。研究者使用了视频分析法、IRT 模型法、归纳法与演绎法等研究方法，对课堂教学行为大数据进行了深入分析。

（1）教师提问的开放性倾向分析

教师在课堂提问中的"是何问题"与"记忆性问题"属于封闭性问题。封闭性问题一般可以分为两种（孔文，李清华，2007）：一种是通过问题去寻找未知信息，这一未知信息通常只有一个固定答案；另一种则是通过问题引出已知的信息，这种已知的信息通常也只有一个答案。当教师在课堂中的提问越倾向于封闭性特征时，教师留给学生的发散思维的空间就越小。在教师提问的开放性倾向预测分析中，分值越低者，其教师提问的开放性倾向越高；反之，其教师提问的开放性倾向越低。图 3-1 描述了 B 市教育发达地区 D 区、教育中等发达地区 F 区和教育发展中地区 M 区在教师提问的开放性倾向上的平均值与标准差。其中，分值越低者，表明其教师提问的开放性倾向越强。

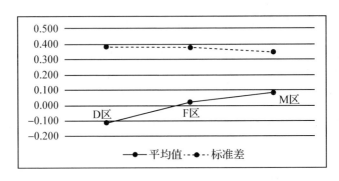

图 3-1　3 个区域教师提问的开放性倾向比较

图 3-1 表明：教育发达地区 D 区的教师在这一倾向预测中，教师的问题开放性平均分最低，表明教育发达地区 D 区教师的问题开放性最高；而教育发展中地区 M 区教师的问题开放性平均分分值最高，表明 M 区的教师更加倾向于提问学生封闭性问题；教育中等发达地区 F 区的教师在问题开放性的水平上居于 D 区和 M 区的中间。从标准差的趋势和数值可以看出，3 个区域的标准差差别不大，因此，通过平均值就可以反映出 3 个不同区域的教师提问的开放性倾向了。

（2）教师提问的问题解决倾向分析

问题解决（Problem Solving）是指利用某些方法和策略，使个人从初始状态的情境达到目标状态情境的过程。问题解决具有 3 个基本特征：目的性、操作序列和认知操作。问题解决包含一系列相互联系的阶段：发现问题、分析问题、提出假设和检验假设 4 个阶段。由于课堂提问中的"如何问题""为何问题"和"推理性问题"3 类问题，具有问题解决的 3 个基本特征，学习者在回答这 3 类问题时，需要经历问题解决的 4 个阶段，所以，"如何问题""为何问题"和"推理性问题"3 类问题对应教师提问的问题解决倾向。在教师提问的问题解决倾向的预测分析中，分值越高者，其教师提问的问题解决倾向越高；反之，其教师提问的问题解决倾向越低。图 3-2 描述了 B 市教育发达地区 D 区、教育中等发达地区 F 区和教育发展中地区 M 区在教师提问的问题解决倾向上的平均值与标准差。其中，分值越高者，表明其教师提问的问题解决倾向越强。

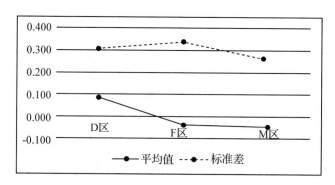

图 3-2 　3 个区域教师提问的问题解决倾向比较

图 3-2 表明：除教育发达地区 D 区的教师该项得分平均值高于 0 以外，教育中等发达地区 F 区和教育发展中地区 M 区两个区域的教师在该项教学倾向维度上的平均分均低于 0。这一结果说明，3 个区域的教师在教师提问的问题解决倾向上，水平普遍较低，需要加强对这一维度的专业学习与教学实践改进；教育发达地区 D 区作为教育强区，其教师具有一定的教师提问的问题解决倾向，但仍然需要大幅度提升该项专业能力。

（3）教师提问的批判性及创造性倾向预测

课堂中的批判性问题是指，需要学生变换角度做深层次思考或反思的问题。其核心是：解释、分析、评价、推论、说明和自我调节。教师提问的批判性行为往往指向质疑学生回答中的明确性、准确性、精确性、相关性、深度、宽度和逻辑性，故批判性问题多发生在教师的拓展问题，即教师的追问中（Sternberg，1987）。创造性问题的提问倾向会影响学习者的创造力（Sternberg，1987）。创造性提问是指从学习者已有的情境或经验中创造出新的问题，并用语言表达出新发现的问题的行为（费广洪，2003）。学生思考并回答创造性问题时，不仅要具有产生新思想的能力，而且要将创造性智力、分析性智力和实践性智力相互平衡才能很好地解决问题（Sternberg & Swerling，2001）。由于课堂提问中的"若何问题""创造性问题"和

"批判性问题"又称为开放性问题的高阶阶段。图3-3为通过计算而得到的3个区域的教师提问的批判性及创造性倾向的得分平均值和标准差。其中，分值越高者，表明其教师提问的批判性及创造性倾向越强。

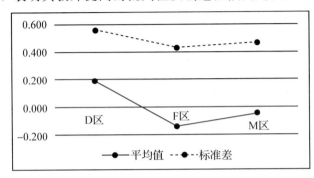

图 3-3　3 个区域教师提问的批判性及创造性倾向比较

图 3-3 表明：教育发达地区 D 区的教师具有最高分，即其教师提问的批判性及创造性倾向最高；而教育中等发达地区 F 区的教师该项得分最低，即其教师提问的批判性及创造性倾向最低；教育发展中地区 M 区的教师该项得分居中，但其数值仍然低于 0。图 3-3 所示的结果还表明，3 个区域的教师在提问的批判性及创造性倾向上得分均较低，且均具有较大的差异，其中，F 区的教师在该维度上具有消极倾向。

（4）研究结论

这一研究结果表明：不同教育水平区域的课堂提问倾向的确存在显著差异；作为教育强区的 D 区在课堂提问倾向中表现出问题开放性最高、问题解决倾向最强，以及批判性和创造性倾向最突出；教育中等发达地区和教育相对薄弱的地区在课堂提问倾向与教育强区之间存在明显差异。教师需要通过转变教育理念，改进提问的问题设计，掌握更多基于问题的教学法与教学策略等途径，设计更多的开放性问题，增加批判性问题与创造性问题，将仅仅考查学生对问题回答得对与错，改为主要考查学生对问题理解得深与浅，鼓励学生尽情思考，展现和分享学生的思维过程，让课堂充满生命的活力。

3.3　教学现象与教学行为的知识发现

教学现象是一种活动方式，是教学活动中教师与学生、教师与教材、学生与教材、教师与教学方法、学生与学习方式、教师与教学目标、学生与教学评价、教师与环境、学生与学习条件等因素错综复杂的关系中表现出来的存在方式及活动方式。概括地来讲，教学现象就是教学活动中人与人、人与物、人与环境、人与信息等之间的关系（王鉴，2006）。

教学现象与教学行为共同存在于课堂教学实践之中，真正把教学现象与教学行为联结起来的是教师的课堂教学体验。不同的课堂教学行为导致了不同的教学现象，教学现象因课堂教学行为的差异性而具有丰富性和多样性。课堂教学行为的个体差异及风格作为教学现象，反映的是教学活动的人文性和特殊性，需要通过多维观察来解释其发生、存在、演进的原因及特点。教师集体性与学生集体性的教学现象表明的是教学活动中较为普遍的现象，与教学规律的关系最为密切，是教学现象研究的重点（王鉴，2006）。

3.3.1　研究方法

大数据等新技术与新工具让我们实现了用数据化手段测度人类行为和人类社会，并由此改变了人类探索世界的方法（黄欣荣，2015）。大数据通过对事物的数据化，实现了定性研究与定量研究的综合集成，使人文社会科学等曾经难于数据化的领域像自然科学一样走向了定量研究，实现了定量研究与定性研究的统一与融合。

本研究以大数据思维为导向，采用科学研究"第四范式"（The Fourth Paradigm）（Hey，Tansley & Tolle，2009）的研究设计。研究思路为："发现—总结"，即从课堂教学行为大数据的分析中发现教学现象，再总结归纳教学现象，得出对教学规律的深入认识。研究过程为："定量—定性"，即先开展针对教学行为大数据的定量研究，再对定量研究的发现与结果进行定性的分析与总结。

对教学现象与教学行为的大数据知识发现研究，一般常用 4 种主要的研究方法：视频案例分析法、内容分析法、统计分析法和归纳推断法。

首先，4 种研究方法的作用不同。视频案例分析法和内容分析法主要用于将非结构化的大数据转化为结构数据，而帮助研究者获得研究所需要的基础数据的集合。例如，在 3.3.2 所示的研究案例中，研究者使用视频案例分析法中的编码体系分析方法与记号体系分析方法对 203 节课例样本中的教师课堂教学行为大数据系统而全面地进行数据分析，获得了 174 位教师共 38 个维度的课堂教学行为大数据集合；内容分析法则用于提取 174 位教师实践性知识的特征数据；统计分析法主要用于本研究中的差异性检验和相关分析等，是定量分析的主要研究方法；而归纳推断法是一种可以使研究者从足够多的个体信息中归纳出关于总体特征而发现新知识的方法（李金昌，2009）。

其次，4 种研究方法需要相互配合、综合使用。视频案例分析法和内容分析法的结果将作为统计分析法的输入数据，而统计分析法的输出结果将作为归纳推断法的输入数据，归纳推断法可以帮助研究者从大数据的偶然性中发现必然性，也可以利用全面数据的必然性去观察认识其偶然性。4 种研究方法所获得的不同数据视角，往往可以形成研究所需要的数据证据链关系。

3.3.2 研究案例

本案例所有数据均来自靠谱 COP 项目的 10 个项目实验区的 62 所靠谱 COP 项目学校，具体包括：北京市海淀区、北京市丰台区（一批）、北京市丰台区（二批）、北京市东城区（二批）、北京市东城区（三批）、鄂尔多斯市、潍坊高新区、成都天府新区、合肥市、厦门思明区等地。

在本案例所涉及的 62 所靠谱 COP 项目学校中，共有 174 位教师作为本案例的研究对象，其中男教师占 22.41%，女教师占 77.59%；新手教师占 43.10%，胜任教师占 30.46%，成熟教师占 26.44%。本案例共收集到 174 位教师的 203 节课堂教学行为大数据，涉及 9 个学科，以及 174 位教师一个学期以来的实践性知识大数据，由此形成了本案例的基础数据集合。

（1）不同性别教师教学行为的知识发现

首先，我们对不同性别的教师的教学行为进行了独立样本 t 检验，以发现不同性别的教师是否存在不同的教学现象，分析结果如表 3-2 所示。

表 3-2　不同性别教师教学行为 t 检验

维度	t	显著性（双尾）	维度	t	显著性（双尾）
Ch	2.641	0.009**	批判性问题	−0.695	0.488
			创造性问题	0.427	0.670
管理性问题	2.563	0.012*	鼓励学生提出问题	−1.091	0.276
对话深度二	2.689	0.008*	讨论后汇报	−1.805	0.072
对话深度三	2.004	0.046*	创造评价性回答	0.156	0.876

说明：** 表示置信水平 $p<0.01$；* 表示置信水平 $p<0.05$。

表 3-2 的分析结果表明：不同性别教师的差异性教学现象在 0.01 显著性水平下，不同性别的教师在师生行为转换率 Ch 上呈现出显著差异。而不同性别教师的共性教学现象是无论男教师还是女教师的课堂，在批判性问题、创造性问题、鼓励学生提出问题、讨论后汇报，以及学生创造评价性回答等教学现象上均无显著差异，且这类教学现象明显少于其他教学现象。

对不同性别教师在师生行为转换率 Ch、管理性问题、对话深度二和对话深度三等教学行为大数据均值及标准差的分析见表 3-3。可以发现：女性教师的师生行为转换率 Ch、管理性问题数量、对话深度二和对话深度三都显著高于男性教师。这一数据分析结果所表明的教学现象是：女性教师比男性教师在课堂中更频繁地更换课堂对话的话语权，女教师会跟学生发生更多的言语互动，同时女教师也更注重对课堂的统一纪律要求和管理，并且更重视在师生对话中开展适当的追问干预。

表 3-3 各维度教师性别的均值、标准差

维度	性别	平均值	标准差
Ch	女	0.384	0.085
	男	0.346	0.093
管理性问题	女	0.058	0.081
	男	0.034	0.047
对话深度二	女	0.260	0.106
	男	0.210	0.117
对话深度三	女	0.091	0.068
	男	0.068	0.068

（2）不同科目教师教学行为的知识发现

按照文科和理科教学科目分组，研究者探析了文科和理科教师的课堂教学行为所带来的课堂教学现象的差异情况，其结果如表 3-4 所示。

表 3-4 不同科目教师教学行为 t 检验

维度	t	显著性（双尾）	维度	t	显著性（双尾）
记忆性问题	3.873	0.000**	若何问题	−4.117	0.000**
推理性问题	−6.415	0.000**	对话深度一	5.159	0.000**
创造性问题	3.811	0.000**	对话深度二	−2.551	0.012*
提问前先点名	−2.757	0.007**	对话深度三	−2.396	0.018*
让学生齐答	−2.844	0.005**	对话深度四	−3.894	0.000**
叫举手者答	2.789	0.006**	对话深度五	−2.019	0.045*
集体齐答	−2.529	0.012*	自我知识	−2.014	0.045*

维度	t	显著性（双尾）	维度	t	显著性（双尾）
个别回答	3.306	0.001**	情境知识	−2.049	0.042*
认知记忆性回答	3.199	0.002**	反思性知识	−2.245	0.026*
推理性回答	−5.862	0.000**	批判性问题	−0.442	0.659
创造评价性回答	3.276	0.001**	鼓励学生提出问题	−0.810	0.419
是何问题	5.491	0.000**	讨论后汇报	0.856	0.393
如何问题	−3.697	0.000**	—	—	—

说明：** 表示置信水平 $p<0.01$；* 表示置信水平 $p<0.05$。

表 3-4 的分析结果表明：不同科目教师的差异性教学现象是在 0.01 显著性水平下，文科和理科的教师在课堂提问类型中的记忆性问题、推理性问题和创造性问题上呈现出显著差异；在教师理答方式中，文科和理科教师在提问前先点名、让学生齐答、叫举手者答上呈现出显著差异；文科和理科教师在学生回答类型中的个别回答维度上呈现出显著差异；文科和理科教师在学生回答类型中的认知记忆性回答、推理性回答和创造评价性回答上均呈现出显著差异；文科和理科教师在问题结构的是何问题、如何问题、若何问题上呈现出显著差异；文科和理科教师在对话深度一和对话深度四上呈现出显著差异。不同科目教师的共性教学现象是：无论文科教师还是理科教师，在批判性问题、教师鼓励学生提出问题，以及运用基于小组的讨论法教学等以学生为中心的教学现象方面均无显著差异，且这类教学现象明显少于其他教学现象。

对教学行为大数据均值及标准差的分析见表 3-5。可以发现：文科教师的记忆性问题、创造性问题、个别回答、记忆性回答、创造评价性回答、是何问题、对话深度一，以及学生的个别回答、认知记忆性回答、创造评价性回答都显著高于理科教师；而理科教师的推理性问题、推理性回答、如何问题、若何问题、对话深度四以及学生的推理性回答都显著高于文科教师。这一数据分析结果所表明的教学现象是：文科教师比理科教师更重视陈述性知识和创造性知识的获取，文科课堂也比理科课堂拥有更多的开放性问题，但对话深度明显低于理科课堂，这说明文科课堂中的问题难度普遍较低，教师也较少进行追问式的教学干预；理科教师比文科教师更重视学生对原理性知识、策略性知识和迁移性知识的获得，理科课堂中的问题难度普遍比文科更高，且理科教师比较多的采用了追问式教学干预。

表 3-5　各维度教师不同科目类型的均值、标准差

维度	科目类型	平均值	标准差	维度	科目类型	平均值	标准差
记忆性问题	文科	0.380	0.181	是何问题	文科	0.690	0.153
	理科	0.285	0.166		理科	0.571	0.155
推理性问题	文科	0.311	0.172	如何问题	文科	0.125	0.099
	理科	0.466	0.170		理科	0.178	0.108
创造性问题	文科	0.181	0.139	若何问题	文科	0.042	0.060
	理科	0.117	0.097		理科	0.084	0.083
提问前先点名	文科	0.016	0.040	对话深度一	文科	0.670	0.147
	理科	0.041	0.082		理科	0.545	0.192
让学生齐答	文科	0.315	0.202	对话深度二	文科	0.229	0.102
	理科	0.395	0.197		理科	0.269	0.117
叫举手者答	文科	0.475	0.257	对话深度三	文科	0.075	0.071
	理科	0.372	0.263		理科	0.098	0.064
集体齐答	文科	0.180	0.134	对话深度四	文科	0.019	0.031
	理科	0.236	0.178		理科	0.039	0.043
个别回答	文科	0.602	0.199	对话深度五	文科	0.007	0.019
	理科	0.508	0.203		理科	0.029	0.104
认知记忆性回答	文科	0.370	0.182	自我知识	文科	0.196	0.235
	理科	0.287	0.185		理科	0.265	0.257

续表

维度	科目类型	平均值	标准差	维度	科目类型	平均值	标准差
推理性回答	文科	0.314	0.178	情境知识	文科	0.208	0.227
	理科	0.464	0.182		理科	0.278	0.257
创造评价性回答	文科	0.208	0.163	反思性知识	文科	0.255	0.308
	理科	0.141	0.123		理科	0.386	0.501

（3）不同学段教师教学行为的知识发现

按照小学、初中和高中 3 个学段划分，研究者对 3 个学段的教师的教学行为进行了方差分析，以发现不同学段的不同教学现象，具体结果如表 3-6 所示。

表 3-6　不同学段教师教学行为的方差分析

维度	F	显著性	维度	F	显著性
Ch	5.846	0.003**	自由答	30.711	0.000**
Rt	8.424	0.000**	推理性回答	3.301	0.039*
管理性问题	5.392	0.005**	非言语回应	6.919	0.001**
记忆性问题	3.433	0.034*	批判性问题	0.977	0.378
推理性问题	3.906	0.022*	创造性问题	2.869	0.059
让学生齐答	14.054	0.000**	鼓励学生提出问题	1.731	0.180
叫举手者答	60.666	0.000**	讨论后汇报	2.968	0.054
叫未举手者答	34.137	0.000**	创造评价性回答	2.436	0.090
个别回答	15.680	0.000**	—	—	—

说明：** 表示置信水平 $p < 0.01$；* 表示置信水平 $p < 0.05$。

表 3-6 的分析结果表明：不同学段教师的差异性教学现象在 0.01 显著性水平下，小学、初中和高中不同学段的教师在师生行为转换率 Ch、

教师行为占有率 Rt、管理性问题、让学生齐答、叫举手者答、叫未举手者答、非言语回应以及学生的个别回答和自由答等教学行为上呈现出显著差异。不同学段教师的共性教学现象是：无论小学、初中还是高中的课堂在批判性问题、创造性问题、鼓励学生提出问题、讨论后汇报，以及学生创造性回答等教学现象均无显著差异，且这类教学现象明显少于其他教学现象。

研究者利用散点图对数据样本进行了分析，结果发现：在小学和初中两个学段中，以对话型和混合型教学模式为主，也存在较少的练习型教学模式；而在高中学段中，以混合型教学模式为主，也存在较少的讲授型教学模式，具体如图 3-4 所示。

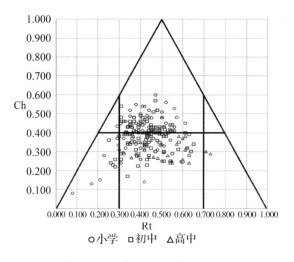

图 3-4　小学、初中和高中 3 个学段教师的 Rt-Ch 散点图

经过对教学行为大数据均值及标准差的分析后可以发现，随着学段由小学、初中到高中的逐渐升高，教学现象呈现出这样的变化：教师行为占有率 Rt 逐渐提高，而师生行为转换率 Ch 有逐渐降低的趋势；管理性问题有逐渐降低的趋势，记忆性问题在初中阶段达到最高；推理性问题在高中阶段最高；在教师理答方式中，学段越高让学生齐答的情形越多，个别回答越少，叫举手者答的比例越低，而叫未举手者答的比例越高，并且学生自由答的比例和推理性回答比例逐渐升高，非言语回应逐渐降低，具体如图 3-5 所示。

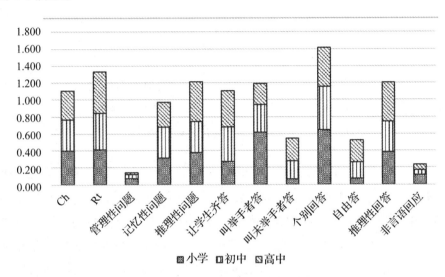

图 3-5　小学、初中和高中 3 个学段具有差异的教学行为均值堆积柱形图

图 3-5 所反映出的教学现象告诉我们：学段越高，教师的主导作用越强，学生主动参与课堂互动的机会越少，师生互动频率越低，师生之间的非言语性交流明显减少；高中教师比小学和初中教师更侧重于让学生获取原理性知识，而初中教师比小学和高中教师更侧重于让学生获取陈述性知识。

（4）教学行为与教师实践性知识之间的相关性分析

教师丰富多彩的课堂教学行为产生了课堂中缤纷多样的教学现象。研究者使用皮尔逊相关系数分析，对教师课堂教学行为大数据与实践性知识大数据进行了相关分析，发现教师的教育信念、反思性知识、情境性知识和策略性知识等实践性知识成分与教师的课堂教学行为之间出现了较多的相关关系，具体结果如表 3-7 所示。

表 3-7　教师教学行为与教师实践性知识之间的相关分析

课堂教学行为		实践性知识	相关系数	课堂教学行为		实践性知识	相关系数
教师理答方式	提问前先点名	教育信念	0.209**	学生回答方式	集体齐答	教育信念	−0.177**
		策略性知识	0.214**		自由答	教育信念	0.217**
		情境性知识	0.183**			情境性知识	0.178**
课堂对话深度	对话深度一	反思性知识	−0.222**		推理性回答	反思性知识	0.198**
	对话深度五	反思性知识	0.291**				

说明：** 表示置信水平 $p<0.01$；* 表示置信水平 $p<0.05$。

第一，在教师的理答方式上，表 3-7 的分析结果表明：提问前先点名与教师实践性知识中的教育信念、策略性知识和情境性知识出现了在 0.01 置信水平上的正相关关系，即越信奉以学生为中心教育信念的教师，在课堂中往往会更自信地依据课堂情境运用更多的提问前先点名的提问策略实施因材施教的教学；反过来，使用较多提问前先点名的教师在教育信念、策略性知识和情境性知识维度上也会得到较大的发展。这一教学现象也反映出信奉以学生为中心教育信念的教师，在其具有较高策略性知识和情境性知识水平的前提下，在教学中不仅关注学生对课堂的整体性参与，还会特别调动具有不同特征的学生个体参与恰当的教学活动，真正做到了教学有点有面且有的放矢。

第二，在学生回答方式上，表 3-7 的结果表明：集体齐答与教师的教育信念在 0.01 置信水平上呈现出负相关关系，表明抱有以学生为中心教育信念的教师，在课堂中较少出现学生集体齐答的回答方式；学生自由答与教育信念及情境知识在 0.01 置信水平上呈现出正相关关系，表明信奉以学生为中心教育信念的教师和对课堂情境具有较高把握度的教师，其课堂会出现更多自由答这种回答方式；推理性回答与教师的反思性知识在 0.01 置信水平上呈现出正相关关系，表明教师的反思水平越高，在课堂教学中教师也会越重视思维过程的培养，相应学生的推理性回答就比较多；反过来也表明，在课堂中，学生的推理性回答也为教师的教学反思提供了丰富的反思支架，促进了教师教学反思水平的提升。

第三，在对话深度方面，表 3-7 的结果表明：对话深度一的教学行为与教师的反思性知识在 0.01 置信水平上呈现出负相关关系，对话深度五的教学行为与教师的反思性知识在 0.01 置信水平上呈现出正相关关系，表明在课堂中浅层对话水平越多的教师，其教学反思水平越低；课堂中深层对话越多的教师，其教学反思水平越高。反过来讲，随着教师教学反思水平的提高，教师在课堂中的深层对话也会越来越多。

(5)研究结论

课堂的错综复杂，源于人们对课堂抱有的种种期待与制约这一场所的种种限制之间的落差(王鉴，2007)。本案例聚焦在运用课堂教学行为大数据，从教师的不同性别、不同科目、不同学段描述并探究课堂中的各种教学现象及形成这些教学现象的教学行为与实践性知识之间的关系。

第一，共性的教学现象与改进建议。透过课堂教学行为大数据的分析，可以看出，不同性别的教师、不同科目的教师，以及不同学段的教师，在当今的课堂教学中具有共性的教学现象，即课堂中都明显缺乏提出批判性问题和创造性问题、鼓励学生提出问题、支持学生就研究问题进行讨论后汇报，以及学生明显缺乏创造性回答等教学现象。这种共性的教学现象印证了日本学者佐藤学和美国学者杰克逊(Jackson)等研究者所指出的：当前的教学还是以模仿模式为主的，也渗透了变化模式(佐藤学，2016；Jackson，1986)。杰克逊认为，教学可以从本质上将教师的行为模式分为两种：模仿模式(Mimetic Mode)和变化模式(Transformative Mode)。所谓模仿模式是指以知识与技能的传授与习得为基本的教学方式，而变化模式是指以促进学习者思考态度及探究方法的形成为基本理念的教学方式(Jackson，1986)。

在当今"互联网＋"的信息化时代中，要想从教学的模仿模式转变到教学的变化模式，首先就需要转变教师的专业学习方式，正如戴维斯(Davis)

教授所指出的：教师如何学习会反映在他如何教学上（Davis，2003）。教师的专业学习方式需要从技术性实践（Technical Practice）模式转变为反思性实践（Reflective Practice）模式，即教师应该在"真实的教学实践—对教学实践的反思（Reflection In Action）—重构新的教学实践"的路线图中，开展基于真实性评估的专业学习（王陆，杨卉，2010），通过调动、批判和重构教师经验所赋予的实践性知识，在真实的教学情境中对教育信念、反思性知识、情境性知识和策略性知识等进行反思性思考，并基于反思的结果，重构或改进真实的课堂教学行为，取代以往的教师以科学技术的合理运用（Technical Rationality）为原理的技术性实践。反思性实践模式还会使教师把反思性实践的学习方式、思考模式和问题解决方法等带回到自己的课堂中，从而改进课堂的教学行为，真正转变教学模式。

第二，差异性的教学现象与利用差异。在本案例中，课堂教学行为大数据的分析显示出，无论教师的性别，还是教师所任教的科目及学段都会呈现出较多的差异性教学现象，如男女教师的教学差异，文科和理科教师的教学差异，以及小学、初中和高中教师的教学差异等。

如何认识并利用这些差异性教学现象既是一个具有理论意义的重要问题，也是一个改进教师当前的专业学习，提高教师专业水平的具有实践性意义的关键性问题。造成教学现象具有差异性的原因是教师个体的教学行为具有差异性，而造成教师教学行为具有差异性的原因则是教师个体具有差异性的实践性知识。差异性的实践性知识给不同的教师个体带来了知识势差（王陆，2015），而知识势差是造成知识流动、知识传播和知识转移的根本原因，也是教师能够获取实践性知识这种隐性知识的基本条件。为此，王陆教授本着"差异即资源"的认识，与科研团队一起构建了教师在线实践社区，为不同的教师个体搭建了实践性知识流动、传播与转移的基础环境，形成了由教师、专家及助学者所组成的一种正式学习与非正式学习相混合的学习型组织，有效地支持了教师的反思性实践，促进了教师通过知识转移而最终获得实践性知识的增长和课堂教学行为的改进，取得了显著的教师专业发展成效。

由于课堂教学具有复杂性、情境性和实践性，在优化课堂教与学时往往不能仅凭个人经验或简单使用某种具有普适化意义的教与学的理论，为此，以课堂教学行为大数据为研究手段的教学现象研究，不仅是我们发现教学本质的切入点，也是我们创新教学研究的立足点和改进课堂教学行为的助推器。

【本章参考文献】

[1][美]斯腾伯格(Sternberg，R.J.)，史渥林(Swerling，L.S.)．思维教学：培养聪明的学习者[M]．赵海燕，译．北京：中国轻工业出版社，2001．

[2][日]佐藤学．教育方法学[M]．于莉莉，译．北京：教育科学出版社，2016．

[3]戴海琦．基于项目反应理论的测验编制方法研究[J]．考试研究，2006(4)．

[4]费广洪．幼儿问题意识概念的建构[J]．学前教育研究，2003(1)．

[5]盖立春，郑长龙．课堂教学行为研究的三种范式及其基本问题[J]．课程·教材·教法，2010(11)．

[6]胡小勇，祝智庭．问题化教学研究纵览：理论与流派[J]．中国电化教育，2005(2)．

[7]黄秋林，潘正凯．英语阅读教学文本解读中批判性问题的设计[J]．教学月刊·中学版(教学参考)，2017(Z2)．

[8]黄欣荣．大数据对科学认识论的发展[J]．自然辩证法研究，2014(9)．

[9]黄欣荣．大数据哲学研究的背景、现状与路径[J]．哲学动态，2015(7)．

[10]孔文，李清华．关于 EFL 课堂中教师提问的对比研究[J]．国外外语教学，2007(3)．

[11]李金昌．统计思想研究[M]．北京：中国统计出版社，2009．

[12]李松林．课堂教学行为分析引论[J]．教育理论与实践，2005(7)．

[13]林正范，徐丽华. 对教师行为研究的认识[J]. 教师教育研究，2006(2).

[14]刘东晓. 基于中小学课堂教学行为数据分析的创造性问题探析[D]. 北京：中央民族大学，2016.

[15]刘璋温. 赤池信息量准则 AIC 及其意义[J]. 数学的实践与认识，1980(3).

[16]罗儒国，王姗姗. 教学价值取向的现实诊断与应然追求[J]. 大学教育科学，2008(6).

[17]王鉴. 课堂研究概论[M]. 北京：人民教育出版社，2007.

[18]王鉴. 论教学现象及其研究方法[J]. 教育研究与实验，2006(6).

[19]王陆，蔡荣啸. 课堂大数据视角下的提问倾向研究[J]. 电化教育研究，2016(7).

[20]王陆，林司南. 案例分析：台球桌上的数学[J]. 中国电化教育，2004(9).

[21]王陆，刘菁，等. 信息化教育科研方法——发挥技术工具的威力[M]. 北京：教育科学出版社，2008.

[22]王陆，杨卉. 基于真实性评估的教师专业学习与培训[J]. 电化教育研究，2010(10).

[23]王陆，张敏霞，杨卉. 教师在线实践社区（TOPIC）中教师策略性知识的发展与变化[J]. 远程教育杂志，2011(4).

[24]王陆，张敏霞. 课堂观察方法与技术[M]. 北京：北京师范大学出版社，2012.

[25]王陆. 从案例入手，透视——大数据中的教学相长[N]. 光明日报，2016 年 10 月 13 日(15 版).

[26]王陆. 教师在线实践社区的知识共享与知识创新的机理分析[J]. 电化教育研究，2015(5).

[27]王陆. 教师在线实践社区中不同教师群体的反思水平研究[J]. 电化教育研究，2012(5).

[28]王曦. 有效教学与低效教学的课堂行为差异研究[J]. 教育理论与实践，2000(9).

[29]魏宏聚. 教师教学行为研究的几个维度与评析[J]. 河南大学学报（哲学社会科学版），2009(5).

[30]吴银银. 论教师的实践性知识与课堂教学有效性的提升[J]. 西北师大学报（社会科学版），2015(5).

[31]夏飞，张玲芳. BIC 准则在数据融合中的应用[J]. 江西理工大学学报，2007(4).

[32]闫龙. 课堂教学行为：内涵和研究框架[J]. 全球教育展望，2007(36).

[33]杨卉，温志华. 案例分析：《伏安法测电源电动势和内电阻》实验课[J]. 中国电化教育，2004(9).

[34]余嘉元. 项目反应理论及其应用[M]. 南京：江苏教育出版社，1992.

[35]俞国良. 专家—新手型教师教学效能感和教学行为的研究[J]. 心理学新探，1999(2).

[36]张建琼. 国内外课堂教学行为研究之比较[J]. 外国教育研究，2005(3).

[37]张敏霞. 技术支持下的高中数学课堂教学行为研究[J]. 中国电化教育，2012(6).

[38]张亚明. 对小学教师课堂提问现象的分析与批判[D]. 兰州：西北师范大学出版社，2012.

[39]中国社会科学院语言研究所词典编辑室. 现代汉语词典[M]. 7 版. 北京：商务印书馆，2016.

[40]朱德全. 基于问题解决的处方教学设计[J]. 高等教育研究，2006(5).

[41]Davis K. S.. "Change is hard"：What Science Teachers are Telling Us about Reform and Teacher Learning of Innovative Practices [J]. *Science Education*，2003(1).

[42]Felix D. Schönbrodt，Friederike X. R. Gerstenberg. An IRT analysis of motive questionnaires：The Unified Motive Scales[J]. *Journal of Research in Personality*，2012(6).

[43]Flanders N. A.. *Analyzing teaching behavior*[M]. NJ：Addison-Wesley Publishing Company，Inc.，1970.

[44]Hey T.，Tansley S.，Tolle K.. The Fourth Paradigm：Data-in-

tensive Scientific Discovery[M]. Redmond，Washington：Microsoft Research，2009.

[45]Nancy L. C.，Jeanne P.. *The Art of Inquiry：Questioning Strategies for K-6 Classrooms(2nd Edition)* [M]. Winnipeg：Portage & Main Press，2011.

[46] Jackson，P. W.. *The Practice of Teaching* [M]. New York：Teacher College Press，1986.

[47]Sternberg，R. J.. Questioning And Intelligence [J]. *Questioning Exchange*，1987(1).

[48]Wilen W.，Ishler M.，Hutchison J.，Kindsvatter R.. *Dynamics of Effective Teaching*(4th ed.) [M]. New York：Longman，Inc.，2000.

[49]Wilen，William W.. *Questioning Skills，for Teachers(Second Edition)* [M]. Washington，DC：National Education Association，1987.

[50]Linden，W. J. V. D.，& Hambleton R. K. Hambleton. *Handbook Of Moderm Item Response Theory* [M]. New York：Springer，1997.

第4章　优秀教师的特质发现

教育改革的实践证明，教师是教育改革和发展的中坚力量，是教育质量的关键因素，教学活动的有效性和学生发展的关键在于教师(赵昌木，2004)。早在20世纪30年代，美国的巴格莱就曾提到，"教师问题的重要性，可以说，超过其他所有问题加在一起总和的重要性"(范敏，2015)。

优秀教师是教师群体中高素质的代表。作为教师群体中的先进分子，优秀教师往往具有突出的特质。近一个世纪以来，人们一直试图对优秀教师的特征进行描述和归纳概括，以识别和寻找优秀教师群体。因为优秀教师不仅仅是一种荣誉称号，它还反映了教师的技能水平和受社会认可程度，同时也代表了教师群体中的业务先进者，对巩固和提高教育质量起着重要作用(徐建平，黄浪萍，张伟，2015)。研究优秀教师的特征及这些特征的规律，对于引领普通教师的发展，促进教师的专业化成长有着重要的积极意义。

本章以教师在线实践社区中教师实践性知识与课堂教学行为的基于大数据的知识发现为背景，探讨具体的知识发现的方法与技术。

4.1　优秀教师的大数据研究

4.1.1　优秀教师及优秀教师特质

对于优秀教师的界定，具有一定的时间范畴属性和空间范畴属性，即具有历史动态性特征和相对性特征(赖学军，2004)。20世纪前半期，人们往往用社会的理想标准来定义优秀教师，将其看成"一个优秀的人——符合公众理想的模范人物"；20世纪中期，一些研究，特别是一些心理学的研究，开始尝试鉴别优秀教师的心理和人格特征，并将研究的焦点聚焦在了优秀教师特征的描述和概括上，即只关注了优秀教师的样貌是什么，并没有关注到优秀教师在教学活动中做过什么；20世纪80年代以后，随着定量课堂教学行为研究的开展，有关优秀教师的研究开始重视教师在课堂中的行为特点，关注课堂中所发生的师生活动，关注教师对学生成长的影响以及教师自身的工作表现等（王维娅，2008）。

对于优秀教师特质的研究目前还是多以调查研究或经验归纳为主。例如，美国的安斯（Ryans）开展的一项大规模研究，其结果显示，在各种标准下被认为是优秀的教师一般具有以下一些特征：较高的智力、中等以上的学业成绩、良好的情绪调节、对他人的行为和动机毫不吝惜赞美、曾照顾过孩子、做过家庭教师。美国的伊兰·K. 麦克·伊万（Elan K. Mike Ivan）通过对优秀教师特征文献的广泛研究，针对众多杰出的教育工作者的调查以及她本人长期从事教育教学和教育管理工作所积累的经验，概括出了优秀教师的3个特征：个性特征、教学特征和智力特征。个性特征包括满怀使命感和热情、积极而真诚、具有领导才能；教学特征包括全面关注学生、独特的风格、激励技巧、有效教学；智力特征包括书本知识、社区经验、精神生活（王维娅，2008）。随后，以美国的弗兰德斯（Flanders）等人对课堂教学行为的定量研究为代表，出现了越来越多的聚焦优秀教师课堂教学行为的研究成果。例如，优秀教师喜欢根据具体教学情境做出灵活的、直接的或间接的反映，不盲目追求唯一的教学行为方式，能够从学生的角度观察周围的一切，能够为学生表现出个性特征而提供支持与环境，喜欢做教学实验，尝试新办法，善于提问而从不把自己看作一个仅仅回答问题的人，为学生提供学习指导，往往会表现出赞扬的态度，微笑、点头、评价等（王维娅，2008）。

在国内的相关研究中，郑和总结了优秀教师与全体教师相比的6个方面的主要特征。教学创造性：优秀教师在与丰富的教学情境的频繁性际遇中积累了丰富的教育教学经验，能够运用已有的教育教学经验创造性地解决问题。学术潜能："教研结合、以研促教"使得优秀教师时时处于问题之中，时时思考问题，并积极寻找问题的解决之道，因此优秀教师具备一定的学术潜能。专业信念：优秀教师拥有以知识、系统理论为基础的专业信念，甚至是有意识地建构清晰的、理想的专业信念。专业追求：优秀教师对于教育事业孜孜不倦的追求，是其自我专业发展的内在动力，使自我发展始终保持在一种自觉状态。专业个性：优秀教师的自我专业发展意识较强，自我的专业个性定位清晰。专业地位：优秀教师在教育教学方面的娴熟处理，对专业问题的滔滔不绝，以及在本学科领域中的骨干地位使得他们成为新教师学习的楷模（郑和，2005）。时艳芳通过对学生的开放式调查及运用扎根理论，发现优秀教师特质可以概括为——为师之基、为师之道和为师之本 3 个方面，同时认为"优秀"是一个整体，不能将各个因素割裂开来（时艳芳，刘莎莎，2015）。徐桂清运用质性研究方法对优秀教师进行深度访谈，发现其心理特征由敬业精神、教学能力、关爱学生、科研能力、人格魅力、学识素养 6 个特征类别组成，代表了教师教学的动力系统、能力系统和性格特征 3 个方面（徐桂清，张景焕，徐希铮，2011）。

　　经过长期的实践探索，目前国内外对优秀教师的特质分析逐渐克服单一的经验性研究而具有了科学性，但是仍然还存在着较为明显的局限性。首先，对优秀教师特质的分析，依然停留在一种主观的、感情的、经验的概然性判断上，对于优秀教师的特质还没有质的规定性，评价标准有待更加科学化；其次，偏重于显性的优秀教师的选拔，而对潜在的优秀教师的开发还未得到足够重视（赖学军，2004）。

4.1.2　基于课堂教学行为大数据的知识发现

　　基于课堂教学行为大数据的知识发现就是一种基于大数据的课堂教学研究。它以课堂为研究田野，从研究课堂教学的现象入手，以发展、完善、

补充现有课程与教学的理论及力图指导教学实践为基本目标，在课堂观察
与"数据深描"的基础上，发现教学要素之间的整体作用与互动关系的开放
式教育科学研究。为此，基于课堂教学行为大数据的知识发现包括课堂观
察、课堂写真和课堂分析 3 个重要环节。3 个环节的知识发现依次递进，
且课堂观察是课堂写真知识发现的基础，课堂写真又是课堂分析知识发现
的基础。课堂观察的重点是记录课堂教学行为，教学行为是构成教学现象
的重要基础；课堂写真则聚焦课堂教学现象，课堂教学现象是理解教学规
律的重要基础；课堂分析重在获得教学规律，教学规律处于复杂教学现象
的背后，是优化教与学的重要依据。

　　基于课堂教学行为大数据的课堂观察是指研究者带着明确的目的，凭
借自身感官（如眼、耳等）以及有关辅助工具（如观察表、录音录像设备等）
直接或间接（主要是直接）地从课堂情境中收集无结构化或半结构化数据资
料，并依据资料做相应研究的一种教育科学研究方法。一堂课基于课堂教
学行为大数据的观察方法通常会采用编码体系分析方法和记号体系分析方
法进行数据采集、数据分析和知识发现。所谓编码体系分析方法是指：针
对课堂教学录像中的师生的公共对话进行信息编码，以实现外化隐性知识，
产生能用于分析教学过程新知识的一种课堂观察分析与知识发现的方法。
记号体系分析方法需要预先将一些需要观察并且有可能发生的行为列入一
张事先编制好的记号体系观察表中，观察者在每种计划观察的事件或行为
发生时做记号记录，并于观察后统计记号数量及观察行为所发生的频次，
再进行深入分析的一种观察分析方法和知识发现方法。

　　写真一词来源于日语，原意指拍摄具有真实样貌的照片。基于课堂教
学行为大数据的课堂写真的目的是帮助教师和研究者借助课堂教学行为大
数据，发现课堂中真实的教学现象，并透过教学现象深入理解教学的本质。
课堂写真又分为单节课写真和多节课写真。例如，在使用课堂教学行为大
数据的编码体系分析方法的基础之上，使用描述教学模式的教师行为占有
率 Rt 和师生行为转换率 Ch 进行散点图式的写真，如图 4-1 所示。

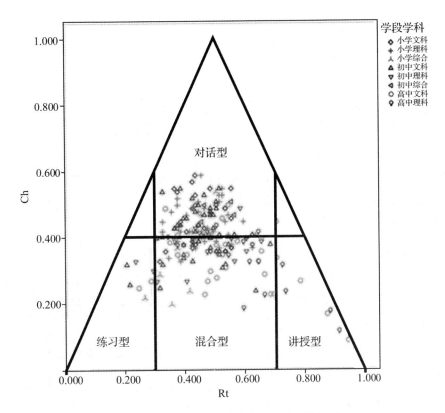

图 4-1　200 节案例教学模式类型散点图写真

　　从图 4-1 可以看出 200 节课例的教学现象：92％的课例都处在对话型和混合型教学模式，只有很少的一部分课例为讲授型和练习型教学模式；教师的行为占有率平均值为 49％，师生行为转换率平均值为 40％；这些教学现象反映出教师在课堂中给予了学生大量的参与课堂活动的机会，并且师生行为的转换比较频繁，课堂的师生互动较为丰富。

　　基于课堂教学行为的大数据的课堂分析是指：从课堂写真所获得的数据集中识别并发现教学要素之间的整体作用与互动关系，以及最终可理解的知识，从而实现将课堂教学行为大数据转变为课堂教学研究领域中的专门知识，并为教师专业发展提供知识传播、知识分享、知识转移和知识创新的保障。

课堂分析其实可以视为数据的二次采集过程，也是对原始数据的二次处理和分析。常用的方法是数据挖掘方法，一般包括分类、聚类、关联规则挖掘、序列模式挖掘、文本挖掘等。分类分析方法一般应用于预测教师的实践性知识或课堂教学行为的类别特征，以及根据分类标准抽取教师的特征进行个性化教学干预。聚类分析方法可用于对教学行为等进行分组，发现相似的教学特点和行为模式；此外，聚类分析方法还可以作为其他数据挖掘方法的预处理步骤，将聚类结果用于进一步的数据挖掘分析，得到每类数据群体更深层次的未知的特征，从而提高精确度和挖掘效率；或将进一步分析得到的结果进行类间比较，发现不同数据群体间的差异。关联规则和序列模式挖掘等分析方法，多被应用于发现教师在线实践社区中的行为习惯等。文本挖掘分析方法可以对教师在线实践社区中的发帖内容和聊天记录进行分析，挖掘其文本主题和结构。

基于课堂教学行为大数据的知识发现服务周期，其实也就是教师专业发展的周期。在教师在线实践社区中，教师的专业学习已经不再是传统意义上的线上或线下的混合式学习了。基于课堂教学行为大数据的知识发现服务，颠覆了教师的专业学习方式，采用了数据采集—数据分析—知识重组的学习路径，在具体经验获取—反思性观察—抽象概括—积极实践的经验学习圈中，进行知识的流动、传播、迁移与创新，促使教师专业化学习由资源性学习到知识性创新学习的革新，实现教师实践性知识水平的提升和课堂教学行为的改进，获得可持续性的教师的专业发展。

4.2　优秀教师的实践性知识特征发现

陈向明教授指出，教师的知识一般可以分为理论性知识和实践性知识两类。理论性知识属于显性知识，通常可以通过阅读或听讲座等形式获得，包括学科内容、学科教学法、教育学、心理学和一般文化等原理类知识；

而实践性知识一般包括教师在教育教学实践中实际使用和表现出来的知识，既包括显性知识，也包括隐性知识，更多的是隐性知识成分。隐性知识除了行业知识、情境知识、案例知识、策略知识、学习者知识、自我知识、隐喻和映像外，还包括教师对理论性知识的理解、解释和运用原则（陈向明，2003）。教师的理论性知识通常停留在教师的头脑里和口头上，是教师根据某些外在标准认为"应该如此的理论"；而教师的实践性知识是教师内心真正信奉的，在日常工作中"实际使用的理论"，支配着教师的思想和行为，体现在教师的教育教学行动中（Argyris & Schon，1974）。

教师的理论性知识通常呈外显状态，可以为教师和专业理论工作者所共享，是教师知识冰山露出水面的部分，因其外显性、系统性、可表述性和比较容易被把握，已经得到了比较成熟的研究。而教师的实践性知识通常为内隐状态，是基于教师的个人经验和个性特征的，是贯穿在教师日常的教育教学情境和行动中的，如同深藏在知识冰山的下部，因其隐蔽性、非系统性、缄默性，很难把握，目前的研究相对较少。教师的实践性知识是教师专业发展的主要知识基础，在教师的工作中发挥着不可替代的作用（王陆，2015）。教师实践性知识对其教学行为具有决定性作用；反过来，课堂教学行为也会强化巩固，甚至是重构教师的实践性知识。陈向明教授还指出，实践性知识共有教育信念、自我知识、人际知识、策略性知识、情境知识和反思知识 6 个维度（陈向明，2003）。

4.2.1 研究方法

优秀教师实践性知识特征发现的主要研究方法是主成分分析法、文本可视化分析法、多维尺度分析法等。

主成分分析法是一种将高维数据投影到较低维空间，提取多元事物的主要因素，揭示其本质特征的数据分析技术。主成分分析法在大数据的知识发现中应用范围比较广泛，经常和分类、聚类以及与其他分析方法联合使用，它可以高效地找出数据中的主要部分，将原有的复杂数据降维，去除整个数据中的噪音和冗余等（赵蔷，2016）。在主成分分析中，首先会保证所提取的前几个主成分的累计贡献率达到一个较高的水平，即变量降维后的信息量保持在一个较高水平上；其次被提取的主成分必须都能够给出符合实际背景和意义的解释，否则主成分将空有信息量而无实际含义。一般来说，主成分分析的解释其含义多少带有模糊性和抽象性，不像原始变量的含义那么清楚和确切，这是变量降维分析处理过程中不得不付出的代价。也就是说，假如研究者欲提取的主成分个数为 m，m 通常应明显小于原始变量个数 p，否则维数数据分析处理过程中所带来的"利"，将抵不过所提取的主成分含义不如原始变量清楚的"弊"。

文本可视化分析法是一种综合了文本分析、数据挖掘、数据可视化、计算机图形学、人机交互和认知科学等学科的理论与方法，是人们理解复杂的文本内容、结构和内在规律等信息的有效手段（唐家渝，刘知远，孙茂松，2013）。文本可视化将文本中复杂的，或者难以通过文字表达的内容和规律以视觉符号的形式表达出来，同时向人们提供与视觉信息进行快速交互的功能，使人们能够利用与生俱来的视觉感知的并行化处理能力，快速地获取大数据中所蕴含的关键信息，发现知识。本研究案例主要使用了分词技术、基于词频的文本可视化方法等。文本的可视化知识表示是把用文字符号表示的知识转化为用图形、图像或动画表示的知识，其目的在于让人直观地观察到核心信息和关键数据，从而快速发现其中蕴含的知识（马创新，陈小荷，2017）。目前常用而且效果呈现美观的文本可视化分析工具就是词云图。词云图能够帮助读者在短时间内粗略地了解到文本分析中的词频最高的重要词汇分布情况。

多维尺度分析法是通过模型拟合的办法，将特定对象定位到"概念空间"的特殊位置，用点与点之间的距离表征点与点之间的相似性或差异性程度的一种分析方法（赵守盈，吕红云，2010）。可以说，多维尺度分析法是通过可视化的方式呈现概念实体的相似程度或差异性程度的一种具有直观视觉效果的分析方法。

4.2.2　研究案例

本研究针对教师在线实践社区中 10 个项目地区的 1166 名研修教师 2016 年一年的实践性知识大数据进行了较为系统的知识发现研究。

首先，研究者通过聚类分析进行了优秀教师群体的发现研究。研究者使用了聚类分析，运用 K 均值聚类法，将 1166 名教师的实践性知识大数据和课堂教学行为大数据划分为 3 类。这 3 种类别分别为：优秀教师群体、低水平教师群体和全体教师群体。其中，优秀教师群体的实践性知识水平和课堂教学行为水平都具有高水平特征，共 23 人，占样本总数的 1.97%；低水平教师的实践性知识水平和课堂教学行为都具有低水平特征，共有 20 人，占样本总数的 1.72%。优秀教师群体的属性特征，如教师类别、学段、性别和任教学科分布，如图 4-2 至图 4-5 所示。

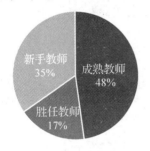

图 4-2　优秀教师群体教师类别分布

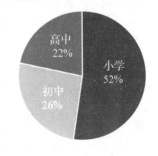

图 4-3　优秀教师群体学段分布

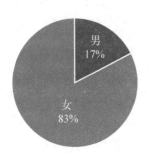

图 4-4　优秀教师群体性别分布

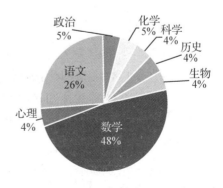

图 4-5　优秀教师群体任教学科分布

（1）不同教师群体实践性知识水平的对比分析

为了进一步发现优秀教师实践性知识的特质，研究者首先需要发现优秀教师与全体教师群体和低水平教师群体在实践性知识水平上的显著差异特征。经过对优秀教师群体、低水平教师群体和全体教师群体 3 类教师群体的 6 种实践性知识进行两两对比的独立样本 t 检验，发现 3 类教师群体的 6 种实践性知识均有显著性差异，具体如图 4-6 所示。

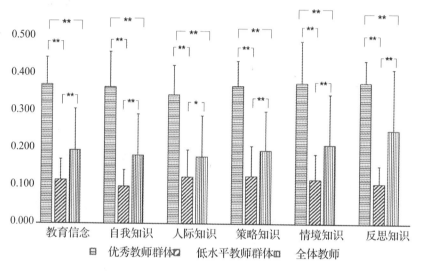

说明：＊＊ 表示置信水平 $p<0.01$；＊ 表示置信水平 $p<0.05$。

图 4-6　3 类教师群体实践性知识对比

图 4-6 的分析结果显示：低水平教师群体和全体教师群体在人际知识维度上呈现置信水平为 0.05 的显著性差异；其余 3 类教师群体两两组之间在 6 种实践性知识维度上均存在置信水平为 0.01 的显著性差异。通过进一步比较 3 类教师群体实践性知识的均值可以发现，优秀教师群体的 6 种实践性知识均值远高于全体教师群体和低水平教师群体，且约为低水平教师群体的 3 倍，约为全体教师群体的 2 倍。同时，不难发现，优秀教师群体的 6 种实践性知识差别不大，没有明显的知识短板；而低水平教师 6 种实践性知识普遍较低。

（2）不同教师群体实践性知识主成分分析

为了进一步发现优秀教师实践性知识的特质，研究者需要发现优秀教师与全体教师群体和低水平教师群体在实践性知识成分上的显著差异特征。然而，实践性知识共有 6 个维度，而且 6 个维度之间还存在有一定的相关性，因此，研究者需要首先使用主成分分析法对 6 个维度的变量进行数据降维处理，同时消除实践性知识 6 个维度之间的相关影响。

针对 23 位优秀教师的实践性知识大数据，研究者首先运用主成分分析法从 6 种实践性知识数据中提取出 6 个成分，每个成分解释的方差占总方差的比率如表 4-1 所示。

表 4-1　优秀教师实践性知识提取主成分解释的总方差

成分	初始特征值			提取平方和载入		
	合计	方差的百分比/%	累积/%	合计	方差的百分比/%	累积/%
1	3.522	58.693	58.693	3.522	58.693	58.693
2	0.941	15.690	74.383	0.941	15.690	74.383
3	0.688	11.474	85.858	0.688	11.474	85.858
4	0.471	7.851	93.708			
5	0.253	4.215	97.924			
6	0.125	2.076	100.000			

表 4-1 中排名前 3 的主成分累计能解释的方差达到总方差的 85.9%，即排名前 3 的 3 个成分能够在 85.9% 的程度上代表 6 个维度实践性知识。换句话说，6 种实践性知识可以用排名前 3 的 3 种主成分代表，有效地实现了数据的降维处理。通过提取 3 个主成分的公因子方差分析可以发现，策略知识对应的方差相对略低，说明选取 3 个主成分来解释 6 种实践性知识的数据时，策略知识数据的信息损失略多于其他维度。

表 4-2 为排名前 3 的主成分 1、主成分 2 和主成分 3 的载荷矩阵。

表 4-2　优秀教师排名前 3 的主成分的载荷矩阵

实践性知识	主成分		
	1	2	3
教育信念	0.861	−0.285	−0.091
自我知识	0.782	−0.533	−0.025
人际知识	0.727	0.420	−0.443
策略知识	0.876	−0.101	−0.138
情境知识	0.638	0.620	0.135
反思知识	0.683	0.073	0.667

表 4-2 描述了 6 个实践性知识维度与排名前 3 的 3 个成分之间的相关系数。可以从表 4-2 看出：①与主成分 1 相关性最高的依次是策略知识、教育信念和自我知识；②与主成分 2 相关性最高的依次是情境知识和人际知识；③与主成分 3 相关性最高的是反思知识。

设表 4-2 中教育信念、自我知识、人际知识、策略知识、情境知识和反思知识依次为变量 X_1、X_2、X_3、X_4、X_5 和 X_6，各个成分为变量 Z_1、Z_2 和 Z_3，Xn 与 Zn 的系数矩阵如表 4-3 所示。

表 4-3　优秀教师排名前 3 的主成分的系数矩阵

实践性知识	主成分		
	Z_1	Z_2	Z_3
X_1（教育信念）	0.457	−0.294	−0.110
X_2（自我知识）	0.415	−0.549	−0.030
X_3（人际知识）	0.386	0.433	−0.534
X_4（策略知识）	0.465	−0.104	−0.166
X_5（情境知识）	0.339	0.639	0.163
X_6（反思知识）	0.362	0.075	0.804

依据表 4-3 可以将系数矩阵转换为公式 4-1 至公式 4-3 的优秀教师实践性知识主成分方程：

$$Z_1 = 0.457X_1 + 0.415X_2 + 0.386X_3 + 0.465X_4 + 0.339X_5 + 0.362X_6$$
$$\text{（公式 4-1）}$$

$$Z_2 = -0.294X_1 - 0.549X_2 + 0.433X_3 - 0.104X_4 + 0.639X_5 + 0.075X_6$$
$$\text{（公式 4-2）}$$

$$Z_3 = -0.110X_1 - 0.030X_2 - 0.534X_3 - 0.166X_4 + 0.163X_5 + 0.804X_6$$
$$\text{（公式 4-3）}$$

考虑到与主成分 1 相关性最高的依次是 X_4（策略知识）、X_1（教育信念）和 X_2（自我知识），与主成分 2 相关性最高的依次是 X_5（情境知识）和 X_3（人际知识），与主成分 3 相关性最高的是 X_6（反思知识），公式 4-1 至公式 4-3 可以改写为：

$$Z_1' \approx 0.465X_4 + 0.457X_1 + 0.415X_2 \qquad \text{（公式 4-4）}$$

$$Z_2' \approx 0.639X_5 + 0.433X_3 \qquad \text{（公式 4-5）}$$

$$Z_3' \approx 0.804X_6 \qquad \text{（公式 4-6）}$$

公式（4－4）至公式（4－6）表达了优秀教师实践性知识的主要成分特征，即优秀教师实践性知识最主要的成分是策略知识、教育信念和自我知识，次要成分是情境知识和人际知识，再次是反思知识。

针对 20 位低水平教师的实践性知识大数据，研究者也同样运用了主成分分析法从 6 种实践性知识数据中提取出 6 个成分。每个成分解释的方差占总方差的比率如表 4-4 所示。

表 4-4　低水平教师实践性知识提取主成分解释的总方差

成分	初始特征值			提取平方和载入		
	合计	方差的百分比/%	累积/%	合计	方差的百分比/%	累积/%
1	3.625	60.423	60.423	3.625	60.423	60.423

续表

成分	初始特征值			提取平方和载入		
	合计	方差的百分比/%	累积/%	合计	方差的百分比/%	累积/%
2	1.685	28.090	88.513	1.685	28.090	88.513
3	0.290	4.828	93.341			
4	0.250	4.158	97.499			
5	0.108	1.800	99.299			
6	0.042	0.701	100.000			

从表 4-4 可以看出，排名前 2 的成分累计能解释的方差达到总方差的 88.5%。即排名前 2 的 2 个成分能够在 88.5% 的程度上代表 6 个维度实践性知识。换句话说，6 种实践性知识可以用排名前 2 的 2 种主成分代表，实现了数据的降维处理。通过提取 2 个主成分的公因子方差分析发现，教育信念对应的方差相对较低，说明当选取 2 个主成分来解释 6 种实践性知识的数据时，教育信念数据的信息损失略多于其他维度。

表 4-5 为排名前 2 的主成分 1 和主成分 2 的载荷矩阵。

表 4-5 低水平教师排名前 2 的主成分的载荷矩阵

实践性知识	主成分	
	1	2
教育信念	0.748	0.521
自我知识	0.760	0.523
人际知识	0.896	−0.399
策略知识	0.729	−0.615
情境知识	0.823	−0.487
反思知识	0.690	0.606

表 4-5 描述了 6 个实践性知识维度与排名前 2 的 2 个成分之间的相关系

数。可以从表4-5看出：①与主成分1相关性最高的依次是人际知识、情境知识和自我知识；②与主成分2相关性最高的是反思知识。

设表4-5中教育信念、自我知识、人际知识、策略知识、情境知识和反思知识依次为变量 X_1、X_2、X_3、X_4、X_5 和 X_6，各个成分为变量 Z_1 和 Z_2，Xn 与 Zn 的系数矩阵如表 4-6 所示。

表 4-6　低水平教师排名前 2 的主成分的系数矩阵

实践性知识	主成分	
	Z_1	Z_2
X_1（教育信念）	0.393	0.401
X_2（自我知识）	0.399	0.403
X_3（人际知识）	0.471	-0.307
X_4（策略知识）	0.383	-0.474
X_5（情境知识）	0.432	-0.375
X_6（反思知识）	0.362	0.467

同理，可以得出低水平教师实践性知识主成分的近似方程式，如公式4-7和公式4-8：

$$Z_1' \approx 0.471X_3 + 0.432X_5 + 0.399X_2 \tag{公式 4-7}$$

$$Z_2' \approx 0.467X_6 \tag{公式 4-8}$$

公式（4-7）和公式（4-8）表达了低水平教师实践性知识的主要成分特征，即低水平教师实践性知识最主要的成分是人际知识、情境知识和自我知识，次要成分是反思知识。

针对全体教师群体的实践性知识大数据，研究者运用了相同的主成分分析方法进行了数据处理，也获得了全体教师群体的实践性知识主成分的近似方程式，如公式4-9至公式4-11：

$$Z_1' = 0.442X_4 + 0.436X_1 + 0.434X_2 \tag{公式 4-9}$$

$$Z_2' = 0.843X_6 \tag{公式 4-10}$$

$$Z_3' = 0.833X_5 \hspace{4cm} \text{（公式 4-11）}$$

公式(4-9)至公式(4-11)表达了全体教师群体实践性知识的主要成分特征，即全体教师群体实践性知识最主要的成分是策略知识、教育信念和自我知识，次要成分是反思知识，再次是情境知识。

综上所述，3 类教师群体的数据分析结果显示：3 类教师群体的实践性知识主成分存在显著差异，具体如表 4-7 所示。

表 4-7 3 类教师群体实践性知识主成分分析结果对比

主成分	优秀教师群体	低水平教师群体	全体教师群体
1	策略知识、教育信念、自我知识	人际知识、情境知识、自我知识	策略知识、教育信念、自我知识
2	情境知识、人际知识	反思知识	反思知识
3	反思知识		情境知识

表 4-7 的结果显示：优秀教师群体的策略知识、教育信念、自我知识在 6 种实践性知识中占主要成分，其次是情境知识和人际知识；低水平教师群体的人际知识、情境知识、自我知识占主要成分，其次是反思知识；全体教师群体的策略知识、教育信念占主要成分，其次是反思知识和情境知识；低水平教师群体与优秀教群体相比，实践性知识的主成分具有显著差异，低水平教师群体的实践性知识主要缺乏教育信念和策略知识；而全体教师群体和优秀教师群体相比，主成分 2 和主成分 3 发生了变化。

经过对优秀教师群体、低水平教师群体和全体教师群体 3 类教师群体的 6 种实践性知识主成分比例的进一步分析可以发现，优秀教师群体的主成分 1 占比 58.69%，其他主成分比例比较接近；低水平教师群体主成分 1 占比 60.42%，主成分 2 占比 28.09%，其他主成分占比很小；全体教师群体主成分 1 占比 73.44%，其他主成分比例较为接近。具体如图 4-7 至图 4-9 所示。

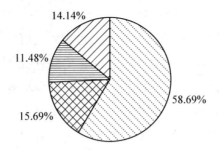

图 4-7　优秀教师群体实践性知识各主成分比例

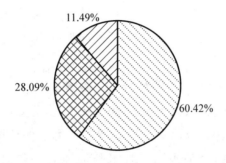

图 4-8　低水平教师群体实践性知识各主成分比例

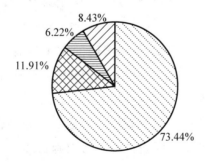

图 4-9　全体教师群体实践性知识各主成分比例

（3）不同教师群体实践性知识文本可视化分析

为了进一步发现优秀教师实践性知识的特质，研究者需要发现优秀教师群体与全体教师群体和低水平教师群体在实践性知识焦点上的显著差异特征。所谓实践性知识焦点是指在对蕴含了教师实践性知识的自我反思日志或教学设计与教学反思等文本进行文本可视化分析中占有最高词频的重要词汇。一般在使用标签云等文本可视化分析工具时，文本中最重要的词汇都会出现在词云图最核心的位置，而且字号最大。

研究者首先将本研究案例区分出的优秀教师群体、低水平教师群体和全体教师群体在教师在线实践社区中的发帖文本进行了分词处理，然后根据分词处理结果进行了词频统计，并运用词云图生成工具绘制了词云图，实现了文本可视化，也发现了不同群体教师实践性知识的知识焦点差异。

首先，需要对连续文本进行分词，获得研究文本集合的分词集合。由于中文不存在类似英文的空格间隔，中文连续文字之间的不同切割和组合会产生不同的含义或语义侧重。所以，为了保证中文分词的准确性，本研究案例对文本的分词采用了技术分词和人工分词相结合的方式。技术分词采用分词工具实现快速分词，完成了分词的初始处理。在技术分词的基础上，为进一步优化分词效果，两位研究者又对技术分词的结果进行了再次的修订和调整，最终形成了一份相对客观、准确的文本分词集合。

其次，为了分析教师实践性知识编码的文本信息，研究者选用了词云图文本可视化工具，也被称之为标签云的文本可视化工具。词云图可视化工具能通过词汇字体大小直接映射该词汇在文本中出现的频次，从而可以表征该词汇在文本中的重要程度，形成不同教师群体的实践性知识的词云图知识表征。本研究案例获得的优秀教师群体、低水平教师群体和全体教师群体 3 类教师群体的文本可视化词云图，如图 4-10 至图 4-12所示。

图 4-10 优秀教师群体实践性知识词云图

图 4-11 低水平教师群体实践性知识词云图

图 4-12 全体教师群体实践性知识词云图

图 4-10 至图 4-12 表明：优秀教师群体的实践性知识焦点与低水平教师群体实践性知识焦点存在很大差异。优秀教师群体的实践性知识焦点是"学生"，而低水平教师群体实践性知识焦点是"老师"。同时表明，优秀教师群体的实践性知识焦点与全体教师群体的实践性知识焦点也存在显著差异，全体教师群体的实践性知识焦点是"教学"。显然，优秀教师群体的实践性知识体现了以学生为中心的教学理念。

（4）不同教师群体实践性知识多维尺度分析

多维尺度分析通过模型拟合将高频词等特定对象定位到"概念空间"的特殊位置，点与点之间的距离表征了词与词之间的相似性或差异性的程度，从而可视化地呈现高频词的分布状况。由于本研究中所涉及的高频词都是来自优秀教师群体、低水平教师群体和全体教师群体 3 个教师群体实践性知识文本的编码，所以多维尺度分析的结果可以反映出不同教师群体实践性知识的结构特征，具体分析结果如图 4-13 至图 4-15 所示。

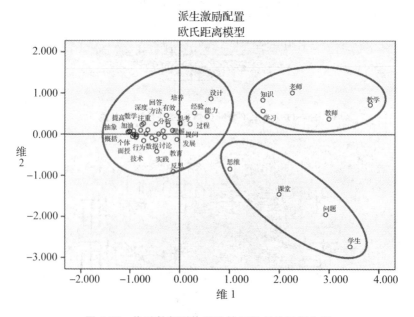

图 4-13 优秀教师群体实践性知识多维尺度分析

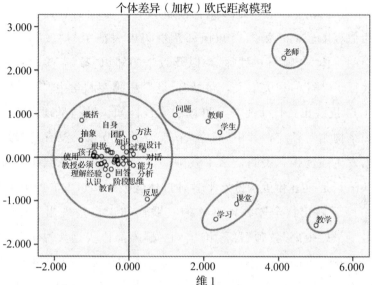

图 4-14　低水平教师群体实践性知识多维尺度分析

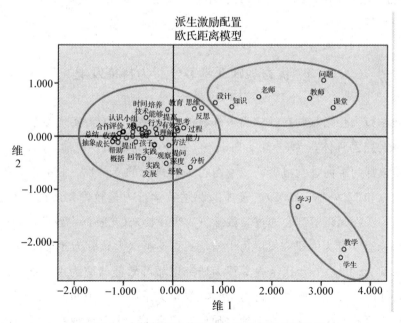

图 4-15　全体教师群体实践性知识多维尺度分析

图 4-13 反映出：优秀教师群体的实践性知识结构呈现出 3 个知识群落。3 个知识群落中，第一个知识部落群包含较多的高频词，并且呈聚集状态，相似程度较高；第二个知识部落群集中表征了与"教"相关的语义，包括教学的主体"老师"和"教师"，以及教学的知识"教学"等；第三个知识部落群表征了"学"的相关语义，包括"问题""思维"和"学生"等。

图 4-14 反映出：低水平教师群体的实践性知识结构呈现出 5 个知识群落，知识结构相对稀疏，其中"教学"节点为孤立节点，没有与"教""学"的其他要素发生强连接，表明低水平教师群体在实践性知识结构上存在严重短板和缺陷，是改进和重构低水平教师群体实践性知识发展的突破口。

图 4-15 反映出：全体教师群体的实践性知识也呈现出 3 个知识部落群，但是"反思"距离"教师"群落和"学生"群落都比较远，说明全体教师群体尽管也存在一定的反思知识，但反思知识并没有和反思的主体之间形成紧密的强连接，即反思知识无法指导知识主体的实践行为。为此，全体教师群体的实践性知识结构需要发生调整和改变，以促进反思性实践的开展，并改进和提高教学质量。

4.3　优秀教师课堂教学行为特征发现

教学行为是指教师在教学当中外显的、可观察的，为实现教学目标所采取的一系列的具体行为(李渺，陈长伟，2010；亢晓梅，曹瑞，2012)。教学行为是教师为了促进学习者完成学习行为而进行的支持性、服务性、指导性的活动总和(李松林，2005)。教师的课堂教学行为是教师素质的外在体现，教师的实践性知识等都会通过其教学行为表现出来(亢晓梅，曹瑞，2012)。

课堂教学行为的研究发展历史与范式更迭可以大致分为 3 个阶段：从 19 世纪末到 20 世纪 70 年代，教学行为研究以教师效能研究为主，主要是教师人格特征的调查和教师教学行为与教学效果关系研究；20 世纪 70 年代以后，教学行为研究的焦点逐步集中到教师认知研究上，主要体现在教师思维研究和教师知识研究两个方面；20 世纪 80 年代，教育生态研究兴起，教师生态研究认为教师的教学行为是理性与非理性、教师与环境共同作用的结果，只有在真实自然的教学环境下，通过教师与环境之间的交互作用，才能有效地研究教师的心理和行为（盖立春，郑长龙，2009；李渺，陈长伟，2010）。

关于优秀教师的课堂教学行为特征，白益民对实质性互动行为、维持学生专注行为和教学的计划与反思 3 类教学行为进行了因素分析，从共性的角度对高成效教师行为的典型特征进行了分析（白益民，2000）。李晔等人的研究表明，教学效能高的教师与教学效能低的教师在课堂时间的安排、课堂提问的认知水平、提问对象、对学生的反馈方式等教学行为方面均存在差异（李晔，刘华山，2000）。

4.3.1　研究方法

教师课堂教学行为特征发现主要研究方法之一是视频案例分析法，包括编码体系分析方法和记号体系分析方法。编码体系分析方法通常是根据认知理论、教学理论以及专业课程等知识，针对课堂教学录像中的师生对话进行信息编码，以实现外化隐性知识，产生能用之于分析教学过程新知识的一种课堂观察分析方法。记号体系分析方法是指预先列出一些需要观察并且有可能发生的行为，观察者在每种要观察的事件或行为发生时做记号，其作用是核查所要观察的行为有无发生。记号体系分析方法有严格的教育研究背景和理论支撑。目前，比较常用的记号体系分析方法有：有效性提问分析、教师理答方式分析、4MAT 分析、对话深度分析等（王陆，张敏霞，2012）。其中与提问教学行为有关的记号体系分析内容包括了 8 种不同水平的问题类型："是何问题""为何问题""如何问题""若何问题""记忆性问题""推理性问题""创造性问题"和"批判性问题"。

教师课堂教学行为特征发现的主要方法之二是统计分析法，包括差异性检验和主成分分析等，以定量分析为主。差异性检验可以研究不同组别是否存在差异，通过进一步比较均值和标准差，可以发现不同数据的集中程度和离散程度。主成分分析是考察多个变量相关性的一种多元统计方法，其目的可以归结为数据的压缩和数据的解释，实现通过少数几个主分量来解释多个变量间的内部结构，从而寻找判断某种事物或现象的综合指标，更加深刻地揭示事物的内在规律。

4.3.2　研究案例

本研究案例通过针对 4.2 节中所区分出的优秀教师群体、低水平教师群体和全体教师群体 3 类教师的课堂教学行为大数据进行知识发现研究，以揭示优秀教师课堂教学行为特征。

（1）不同教师群体课堂教学行为的主成分分析

运用主成分分析法，将优秀教师群体、低水平教师群体和全体教师群体的课堂教学行为大数据进行分析后的结果如表 4-8 所示。

表 4-8　3 类教师群体课堂教学行为主成分分析结果

主成分	优秀教师群体	低水平教师群体	全体教师群体
1	推理性问题、推理性回答、创造评价性回答	推理性问题、推理性回答	提问后叫举手者答、个别回答、自由答
2	为何问题、集体齐答、对话深度一	提问后让学生齐答、打断学生或代答、个别回答	记忆性问题、认知记忆性回答
3	讨论后汇报、否定回应、师生行为转换率	记忆性问题、常规管理性问题	对话深度一、对话深度二

表 4-8 所得出的 3 类教师群体的课堂教学行为主成分分析结果正如李松林教授所指出的那样：优秀教师在课堂教学中有着自己独有的特征，他们能够更有效地控制课堂教学过程并提高其教学质量（李松林，2005）。首先，3 类教师群体课堂教学行为的主成分存在显著差异。其次，在主成分 1 中，优秀教师群体的课堂教学行为以课堂生成行为为主，聚焦培养学生的问题解决能力，具体包括推理性问题、推理性回答和创造评价性回答；低水平教师群体的主成分 1 明显缺乏创造评价性回答，表明课堂的开放性和问题

解决倾向不够；全体教师群体的主成分 1 表现为师生互动的相关行为上。再次，在主成分 2 中，优秀教师群体的课堂行为集中在基于班级的浅层对话和原理性知识的学习特征上；低水平教师群体的课堂则缺乏对学习者原理性知识获取的支持行为；全体教师群体则是以陈述性知识为核心的教与学行为。最后，在主成分 3 上，优秀教师群体集中在教师以学生的观点引领和发展课程的行为上；低水平教师群体则集中于识记记忆认知目标达成与班级管理上；全体教师群体则出现了以浅层对话为主的师生互动特征。

由此可以看出，优秀教师群体的课堂教学行为是以学生为中心，以原理性知识为基础开展课堂师生交互，尤其在课堂的生成行为方面十分丰富。

（2）不同教师群体的教学模式分析

教学模式是教学环境中要素与要素的关系表达（李秉德，2001）。通过对 3 类教师群体的教师行为占有率和师生行为转换率分析，本研究案例发现优秀教师群体与低水平教师群体在教学模式上没有出现显著性差异，具体如图 4-16 所示。

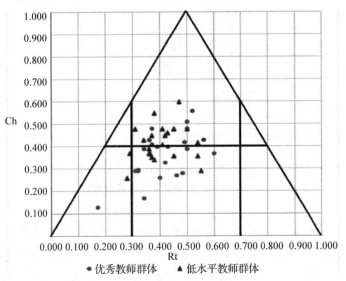

图 4-16　优秀教师群体与低水平教师群体教学模式对比

图 4-16 的分析结果表明：优秀教师群体和低水平教师群体都是以对话

型和混合型教学模式为主的，两类教师群体均没有出现以讲授型为主的教学模式。由此可以看出，随着教学改革的发展，课堂教学模式突破了传统的以教师为中心的课堂教学组织形式，不断形成教师主导、学生主体，甚至是以学习者为中心的教学模式。

（3）不同教师群体的有效性提问与理答方式行为分析

经过对优秀教师群体、低水平教师群体和全体教师群体 3 类教师群体的有效性提问与理答方式的两两对比独立样本 t 检验后发现，在问题类型和学生回答类型中，33 类教师群体存在一些显著性差异，而挑选回答方式和学生回答方式等不存在显著差异，具体分析结果如图 4-17 至图 4-20 所示。

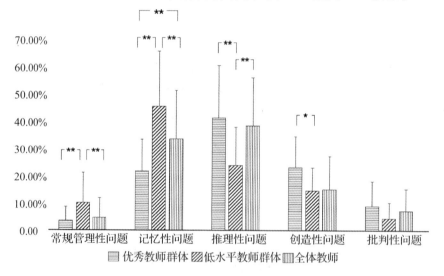

说明：** 表示置信水平 $p < 0.01$；* 表示置信水平 $p < 0.05$。

图 4-17　3 类教师群体问题类型分析

图 4-17 的分析结果显示：①优秀教师群体与低水平教师群体、低水平教师群体与全体教师群体的课堂教学行为中，常规管理性问题存在置信水平为 0.01 的显著性差异，低水平教师群体的常规管理性问题明显多于优秀教师群体和全体教师群体。这反映出，低水平教师群体的课堂管理能力和人际知识等方面还有待提高。②优秀教师群体与低水平教师群体、低水平

教师群体与全体教师群体、优秀教师群体与全体教师群体均在记忆性问题维度上存在置信水平为 0.01 的显著性差异，且低水平教师群体的记忆性问题明显多于其他两个教师群体。这反映出，低水平教师群体在课堂的问题设计上存在较为明显的短板。③优秀教师群体与低水平教师群体、低水平教师群体与全体教师群体在推理性问题上存在置信水平为 0.01 的显著性差异，低水平教师群体的推理性问题明显低于其他两类教师群体。这表明低水平教师群体的课堂不重视原理性知识的获得。④优秀教师群体与低水平教师群体在创造性问题上存在置信水平为 0.05 的显著性差异，低水平教师群体的创造性问题显著低于优秀教师群体。这表明低水平教师群体的课堂中缺乏迁移性知识和创造性知识。

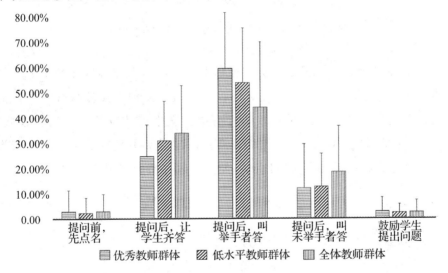

图 4-18　3 类教师群体挑选回答方式的分析结果

图 4-18 的分析结果显示：优秀教师群体、低水平教师群体和全体教师群体在挑选回答方式上不存在显著性差异。通过比较 3 类教师群体的均值发现，优秀教师群体的课堂在教师让学生齐答和叫未举手者答等行为上较少，而叫举手者答和鼓励学生提出问题的行为较多，表明优秀教师在课堂中的理答方式聚焦较强的针对性，而且注重了以学生的观点引领和发展课程。

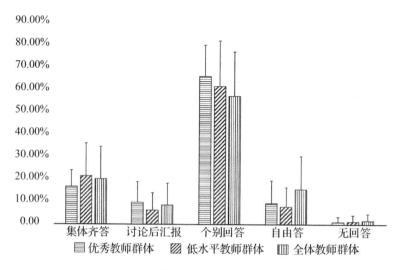

图 4-19　3 类教师群体学生回答方式的分析结果

　　图 4-19 的分析结果显示：优秀教师群体、低水平教师群体和全体教师群体在学生回答方式上不存在显著性差异。通过比较 3 类教师群体的均值发现，在优秀教师群体的课堂教学行为中，学生集体齐答、无回答较低，讨论后汇报和个别回答的行为比例较高；而在低水平教师的课堂教学行为中，学生讨论后汇报、自由答比例较低且集体齐答的行为比例较高。

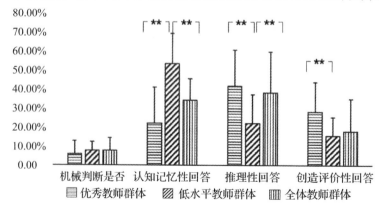

说明：** 表示置信水平 $p < 0.01$。

图 4-20　3 类教师群体学生回答行为的分析结果

图 4-20 的分析结果显示：优秀教师群体与低水平教师群体、低水平教师群体与全体教师群体的课堂教学行为在认知记忆性回答和推理性回答上存在置信水平为 0.01 的显著性差异。优秀教师群体与低水平教师群体在创造评价性回答上存在置信水平为 0.01 的显著性差异。通过进一步比较 3 类教师群体学生回答行为的均值可以发现，优秀教师群体的课堂教学行为中认知记忆性回答比例较低，而推理性回答和创造评价性回答都高于其他两种教师群体，这表明优秀教师的课堂中具有更多的高阶思维训练与课堂的开放性特征。

（4）不同教师群体的教师回应行为分析

经过对优秀教师群体、低水平教师群体和全体教师群体 3 类教师群体的教师回应行为进行两两对比的独立样本 t 检验发现，3 类教师的课堂教学行为中教师回应不存在显著性差异，具体分析结果如图 4-21 所示。

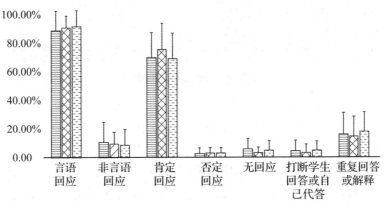

图 4-21　3 类教师群体教师回应行为分析

图 4-21 的分析结果显示：优秀教师群体、低水平教师群体和全体教师群体虽然在教师回应维度不存在显著性差异，但是其均值不同。通过比较 3 类教师群体的均值发现，优秀教师群体课堂教学行为中的言语回应较低，而非言语回应较高，说明优秀教师群体与学生的亲密程度更高，优秀教师

不随意给予肯定回应，且在课堂中对学生的纠正和干预行为较为突出。

(5)不同教师群体的对话深度行为分析

经过对优秀教师群体、低水平教师群体和全体教师群体 3 类教师群体的对话深度进行两两对比的独立样本 t 检验发现，在对话深度中，3 类教师在对话深度三、对话深度四、对话深度五上存在显著性差异，具体如图 4-22 所示。

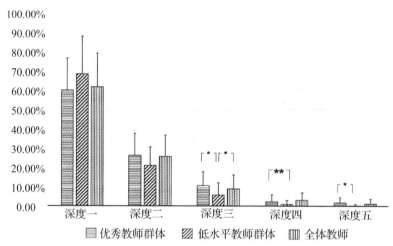

说明：** 表示置信水平 $p < 0.01$；* 表示置信水平 $p < 0.05$。

图 4-22　3 类教师群体对话深度行为分析结果

图 4-22 的分析结果显示：优秀教师群体与低水平教师群体、低水平教师群体与全体教师群体在对话深度三上存在置信水平为 0.05 的显著性差异；优秀教师群体与低水平教师群体在对话深度四上存在置信水平为 0.01 的显著性差异；优秀教师群体与低水平教师群体在对话深度五上存在置信水平为 0.05 的显著性差异。这一结果表明，优秀教师群体在高阶对话深度的行为所占比例较高，优秀教师的课堂中的问题难度比较高，且教师对学生回答的教学干预行为也比较多。

(6)不同教师群体的问题结构分析

经过对优秀教师群体、低水平教师群体和全体教师群体 3 类教师群体的问题结构进行两两对比的独立样本 t 检验发现，3 类教师群体在是何问题、为何问题、如何问题 3 个维度上的行为存在显著性差异，具体如图 4-23 所示。

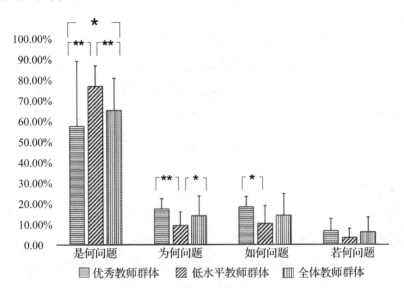

说明：** 表示置信水平 $p < 0.01$；* 表示置信水平 $p < 0.05$。

图 4-23　3 类教师群体问题结构分析

图 4-23 的分析结果显示：优秀教师群体与低水平教师群体、低水平教师群体与全体教师群体在是何问题上存在置信水平为 0.01 的显著性差异，优秀教师群体与全体教师群体在是何问题上存在置信水平为 0.05 的显著性差异；优秀教师群体与低水平教师群体在为何问题上存在置信水平为 0.01 的显著性差异，低水平教师群体与全体教师群体在为何问题上存在置信水平为 0.05 的显著性差异；优秀教师群体与低水平教师群体在如何问题上存在置信水平为 0.05 的显著性差异。通过进一步比较 3 类教师群体的问题结构均值可以发现，优秀教师群体的课堂教学行为中是何问题比例较低，而为何问题、如何问题、若何问题比例较高，说明优秀教师课堂与其他两类教师群体的课堂相比，更侧重于原理性知识、策略性知识和迁移创造性知识的获得与高阶思维能力的培养。

4.4 课堂教学行为与实践性知识相关性的发现

研究课堂教学行为与实践性知识的相关性是破解教师专业发展难点的关键。由于教师的实践性知识是内隐的，无法直接进行观测，而课堂教学行为是外显的，且是可以直接观测的，所以，在教师专业发展中干预教师的课堂教学行为是比较容易实现的。然而，课堂是复杂的，教与学各要素之间是相互影响和相互作用的，某个维度的课堂教学行为即使在"外力"干预的情形下强行发生某种改变，也会产生"牵一发动全身"的效果，并引起整个课堂教学的改变。"外力"干预的课堂教学行为的改变往往是着眼于课堂局部的改变，这种行为改变并不是发自教师内在的实践性知识改变而改变的，所以往往也是短暂的改变和形式上的改变，无法提升整体教学水平和促进课堂教学质量的提高。课堂教学行为是由教师真正信奉的实践性知识决定的，只有在教师的实践性知识发生改变后才会使得教师在无外力干预的情形下，发自内心的、真正的、自发的改进课堂的教学行为，从而才能获得长久而持续的改进效果，实现教师专业发展的目标。

4.4.1 研究方法

课堂教学行为与实践性知识的相关性知识发现的主要研究方法之一是相关分析法。相关分析法是研究现象之间是否存在某种依存关系，并对具体有依存关系的现象探讨其相关方向以及相关程度的一种统计方法。通过研究随机变量之间的相关关系，在本研究案例中，通过研究优秀教师群体的课堂教学行为和实践性知识的相关关系，探究优秀教师的课堂教学行为和实践性知识之间的特殊联系，为培养优秀教师提供具体的指导。

本研究案例使用的主要研究方法是归纳法与演绎法。归纳法可以使研究者从足够多的个体信息中归纳出关于总体的特征而发现新知识（李金昌，2009）。演绎法能够分析个体信息、特殊信息、异常信息，从而发现更具体、更微观的深层次关系。归纳法与演绎法的结合，使得研究者既可以从大数据的分析结果中发现必然性，又可以利用全面数据的必然性去观察偶然性、认识偶然性，甚至利用偶然性，从而提高驾驭偶然性的能力（孔文，李清华，2007）。

4.4.2　研究案例

为了研究优秀教师群体的课堂教学行为与实践性知识之间的关系，我们将优秀教师群体的课堂教学行为进行皮尔逊相关系数分析，发现优秀教师群体的课堂教学行为大数据和实践性知识大数据各维度呈现了一定的相关性。借此，可以为优秀教师的培养和发展提供指导。

（1）课堂中需要增加 4 种对话类行为

本研究案例发现，优秀教师群体中的 4 种对话行为：批判性问题、创造性问题、创造评价性回答和为何问题与实践性知识的某些成分呈现出显著正相关关系，如表 4-9 所示。

表 4-9　优秀教师群体课堂教学行为与实践性知识的相关关系

课堂行为 实践性知识	批判性问题	创造性问题	创造评价性回答	为何问题
教育信念	0.265^{**}	—	—	—
自我知识	0.273^{**}	0.180^{*}	—	—
人际知识	0.310^{**}	—	—	—
策略知识	0.267^{**}	0.185^{*}	0.172^{*}	—
情境知识	0.262^{**}	—	—	0.187^{*}
反思性知识	0.216^{**}	0.192^{*}	0.197^{*}	—

说明：$**$ 表示置信水平 $p < 0.01$；$*$ 表示置信水平 $p < 0.05$。

表 4-9 的分析结果表明，优秀教师群体的批判性问题与 6 种实践性知识均呈显著正相关关系；创造性问题与自我知识、策略知识和反思性知识成正相关关系；创造评价性回答与策略知识和反思性知识呈正相关关系；

为何问题与情境知识呈正相关关系。这一结果说明：①在课堂中，教师提出批判性问题这一外显行为越多，其内隐的实践性知识在 6 个维度上也具有越高的水平，反过来，实践性知识水平越高的教师，会在课堂中提出较多的批判性问题，注重学生的批判性思维的培养；②在课堂中提出创造性问题越多的教师，其实践性知识中的自我知识、策略知识和反思性知识水平越高，反过来，自我知识、策略知识和反思性知识越高的教师，会在课堂中出现更多的创造性问题教学行为；③学生出现创造评价性回答越多的课堂，任教教师的实践性知识中的策略知识和反思性知识水平越高，反过来，教师的策略知识和反思性知识水平越高，其课堂中学生的创造评价性回答越多，课堂具有更高的开放性；④在课堂中提出为何问题越多的教师，其实践性知识中的情境知识水平越高，反过来，情境知识水平高的教师会在其课堂中提出更多的为何问题，重视学生对原理性知识的获得。

综上所述，在课堂中增加批判性问题、创造性问题、创造评价性回答和为何问题 4 类对话行为不仅有助于改善课堂的教学质量、培养学生的高阶认知目标，而且可以促进教师实践性知识的增长。

（2）增加 2 种课堂生成性行为

本研究案例发现，优秀教师群体中的 2 种课堂生成行为——讨论后汇报和鼓励学生提出问题与实践性知识存在相关关系，具体如表 4-10 所示。

表 4-10　优秀教师群体课堂教学行为与实践性知识的相关关系

教学行为 实践性知识	讨论后汇报	鼓励学生提出问题
教育信念	—	—
自我知识	—	—
人际知识	0.180*	—
策略知识	0.212*	—
情境知识	0.311**	—
反思性知识	—	0.173*

说明：** 表示置信水平 $p < 0.01$；* 表示置信水平 $p < 0.05$。

表 4-10 的分析结果表明：①讨论后汇报与人际知识、策略知识和情境知识呈正相关，其中，讨论后汇报与情境知识呈现显著正相关关系；这一结果说明，在课堂中，教师具有让学生进行小组合作学习后再进行讨论后汇报的教学行为越多，其实践性知识中的人际知识、策略知识和情境知识越多，反过来，教师实践性知识中人际知识、策略知识和情境知识水平越高的教师，在自己的课堂教学中会出现较多的让学生讨论后汇报的课堂教学行为。②鼓励学生提出问题与反思性知识呈正相关；这一结果表明，在课堂中鼓励学生提出问题行为越多的教师，其实践性知识中反思性知识水平越高，反过来，教师的反思性知识水平越高，在课堂教学中越会较多的鼓励学生提出问题。

综上所述，在课堂中增加讨论后汇报和鼓励学生提出问题 2 类生成性行为，不仅有助于贯彻课程改革"以学生的观点发展和引领课程"的核心价值观，形成以学生为中心的课堂教学模式，而且可以促进教师实践性知识的增长。

(3)增加课堂高阶对话深度

本研究案例发现，优秀教师群体中的高阶对话深度，即四级和五级对话深度与实践性知识存在相关关系，如表 4-11 所示。

表 4-11 优秀教师群体课堂教学行为与实践性知识的相关关系

	对话深度四	对话深度五
教育信念	—	—
自我知识	—	—
人际知识	—	—
策略知识	0.181*	—
情境知识	—	—
反思性知识	—	0.200*

说明：* 表示置信水平 $p < 0.05$。

表 4-11 的分析结果表明：①在优秀教师群体的对话深度四与策略知识

呈正相关关系；这意味着在课堂中高阶对话中的对话深度四越多的教师，其实践性知识中的策略性知识水平越高，反过来，策略性知识水平高的教师在课堂中容易出现更多的高阶对话的四级对话内容。②对话深度五与反思性知识呈正相关关系；这意味着在课堂中高阶对话中的对话深度五越多的教师，其实践性知识中的反思性知识水平越高，反过来，反思性知识水平高的教师在课堂中容易出现更多的高阶对话的五级对话内容。

综上所述，在课堂中增加课堂高阶对话深度，特别是增加对话深度四和对话深度五，不仅有利于提高课堂问题的难度，对学生的学习实施深度教学干预，而且可以促进教师相关维度的实践性知识的增长。

(4)减少 3 种课堂教学行为

本研究案例发现，优秀教师群体中的 3 种课堂生成行为(包括常规管理性问题、记忆性问题和认知记忆性回答)与实践性知识呈现出负相关关系，如表 4-12 所示。

表 4-12　优秀教师群体课堂教学行为与实践性知识的相关关系

实践性知识　＼　教学行为	常规管理性问题	认知记忆性问题	认知记忆性回答
教育信念	—	—	—
自我知识	—	-0.181^{*}	-0.212^{*}
人际知识	—	—	—
策略知识	—	—	—
情境知识	-0.194^{*}	—	-0.175^{*}
反思性知识	-0.280^{**}	-0.185^{*}	-0.261^{**}

说明：$**$ 表示置信水平 $p < 0.01$；$*$ 表示置信水平 $p < 0.05$。

表 4-12 的分析结果表明：①在优秀教师群体中，常规管理性问题与情境知识和反思性知识呈现负相关关系，其中常规管理性问题与反思性知识呈现出显著负相关；这意味着在课堂中常规管理性问题越多的教师，其实

践性知识中的反思性知识水平越低，反过来，实践性知识中反思性知识水平越低的教师，在课堂中会出现较多的常规管理性问题。②记忆性问题与自我知识和反思性知识呈现负相关关系；这意味着在课堂中提出越多记忆性问题的教师，其实践性知识中的自我知识和反思性知识水平越低，反过来，实践性知识中的自我知识和反思性知识水平越低的教师，会在其课堂中向学生提出较多的记忆性问题。③认知记忆性回答与自我知识、情境知识和反思性知识呈现负相关关系；这意味着在课堂中学生认知记忆性回答行为越多，其任课教师在实践性知识中的自我知识、情境知识和反思性知识水平越低，反过来，实践性知识中的自我知识、情境知识和反思性知识水平越低的教师，其课堂中会出现越多的学生认知记忆性回答行为。

综上所述，在课堂中减少常规管理性问题、记忆性问题和认知记忆性回答的教学行为，不仅能够有效改善课堂的教学质量，而且可以促进教师在相关维度的实践性知识的增长。

通过较为丰富的研究，作者团队将所发现的优秀教师的特质转化为了知识发现服务，提出了课堂教学领导力提升模型，如图 4-24 所示。

图 4-24　课堂教学领导力提升模型

图 4-24 基于教师在线实践设计的知识发现服务，是一种基于教育大数据的课堂教学领导力提升模型，也是普通教师向优秀教师发展的路线图。

首先，教师的专业发展可以从利用课堂教学行为大数据和实践性知识大数据的采集方法与技术入手，提升教师对课堂教学的洞察力。其次，教师可以从对课堂教学行为大数据和实践性知识大数据的分析切入，提升教师对课堂的决策力。最后，教师可以实现用技术支持教与学的目标，扩大自己的教学改进影响力，实现教师的专业发展，向优秀教师迈近。

"教师"这一职业的专业性，并不是指教师是能够在教学过程中熟练运用教育学和心理学已经阐明的原理与技术的"技术熟练者"，而是指教师是在直面课堂教学这一复杂的问题情境时，能够运用来自经验的知识反思教学实践，从而创生教学的"反思性实践家"（佐藤学，2003）。优秀教师的发展仍然受制于多种因素的影响。优秀教师仍然需要系统地进行教师专业化学习，同时树立终身学习、终身发展的教师发展观念。

【本章参考文献】

[1]白益民. 高成效教师行为特征研究[J]. 教育研究与实验，2000(4).

[2]陈向明. 实践性知识：教师专业发展的知识基础[J]. 北京大学教育评论，2003(1).

[3]范敏. 西学东渐影响下的中国师资文化问题——专访华东师范大学陈桂生教授[J]. 教师教育学报，2015，2(6).

[4]盖立春，郑长龙. 美国教学行为研究的发展历史与范式更迭[J]. 外国教育研究，2009，36(5).

[5]黄欣荣. 大数据哲学研究的背景、现状与路径[J]. 哲学动态，2015(7).

[6]亢晓梅，曹瑞. 师生对优秀教师课堂教学行为特征认识的调查分析[J]. 天津市教科院学报，2012(5).

[7]孔文，李清华. 关于 EFL 课堂中教师提问的对比研究[J]. 国外外语教学，2007(3).

[8]赖学军. 优秀教师概念的科学内涵与外延[J]. 教育评论，2004(4).

[9]李秉德. 教学论[M]. 北京：人民教育出版社，2001.

［10］李秉德. 教育科学研究方法［M］. 北京：人民教育出版社，2001.

［11］李金昌. 统计思想研究［M］. 北京：中国统计出版社，2009.

［12］李渺，陈长伟. 高效数学课堂教学行为研究——基于优秀高中数学教师的个案研究［J］. 数学教育学报，2010，19(5).

［13］李松林. 课堂教学行为分析引论［J］. 教育理论与实践，2005(7).

［14］李太平. 论信息素质及其培养［J］. 高等教育研究，2001(4).

［15］李晔，刘华山. 教师效能感及其对教学行为的影响［J］. 教育研究与实验，2000(1).

［16］刘江玲. 面向大数据的知识发现系统研究［J］. 情报科学，2014(3).

［17］马创新，陈小荷. 文本的可视化知识表示［J］. 情报科学，2017(3).

［18］时艳芳，刘莎莎. 大学生视角下优秀教师特征研究——基于 Z 学院的分析［J］. 当代教育论坛，2015(6).

［19］唐家渝，刘知远，孙茂松. 文本可视化研究综述［J］. 计算机辅助设计与图形学学报，2013(3).

［20］王陆，蔡荣啸. 课堂大数据视角下的提问倾向研究［J］. 电化教育研究，2016(7).

［21］王陆，李瑶. 课堂教学行为大数据透视下的教学现象探析［J］. 电化教育研究，2017(4).

［22］王陆，张敏霞. 课堂观察方法与技术［M］. 北京：北京师范大学出版社，2012.

［23］王陆. 教师在线实践社区的知识共享与知识创新的机理分析［J］. 电化教育研究，2015(5).

［24］王维娅. 中美优秀教师特征比较研究［J］. 山东教育学院学报，2008(4).

［25］徐桂清，张景焕，徐希铮. 大学优秀教师的心理特征［J］. 高校教育管理，2011(3).

［26］徐建平，黄浪萍，张伟. 国内外中小学优秀教师评选标准、流程与方法［J］. 教师教育论坛，2015(7).

［27］赵昌木. 教师成长论［M］. 兰州：甘肃教育出版社，2004.

［28］赵蕾. 主成分分析方法综述［J］. 软件工程，2016(6).

[29]赵守盈，吕红云. 多维尺度分析技术的特点及几个基础问题[J]. 中国考试，2010(4).

[30]郑和. 基于优秀教师特点的自主成长模式[J]. 教育发展研究，2005(3).

[31][日]佐藤学. 课程与教师[M]. 钟启泉，译. 北京：教育科学出版社，2003.

[32]C. Argyris，D. A. Schon. *Theory in practice：Increasing professional effectiveness*[M]. San Francisco：Jossey-Bass，1974.

[33]Flanders N. A.. *Analyzing teaching behavior*[M]. NJ：Addison-Wesley Publishing Company，Inc.，1970.

第5章 教师在线实践社区中的知识转移发现

在知识经济时代，组织拥有的知识资源及其动态知识能力(包括知识的获取、转移、共享、创新和应用的能力等)，构成了组织竞争优势的源泉。随着知识含量的不断增加，知识能否有效转移对于组织来说非常重要。同时，知识社会对教师的能力提出了更高的要求，知识管理对教师专业成长具有重要作用，有利于教师将隐性知识转换为显性知识，增加专业知识的实践价值，进而促进教师实践智慧的形成(姜勇，2005)。

在当前教育不均衡尤其是教师专业发展水平不均衡的情形下，教师在线实践社区可以把一些教师个人的最佳实践转移到其他教师身上，进而扩散到其所在学校甚至整个组织，从而提升社区成员的整体知识水平，实现教师专业发展。知识转移是知识管理过程中最重要的一环，但知识的高度隐晦性、复杂性和情境性给知识转移带来了诸多困难，也迫使人们努力寻求促进知识转移的手段与方法。教师在线实践社区中的知识转移活动发生在真实的社会网络中，我们运用社会网络分析等方法，针对社区成员通过多种方式交流观点和分享知识的过程进行分析，就可以发现更多有价值的动态知识。

5.1 知识转移研究

5.1.1 知识转移的内涵

知识转移的概念最早是由美国技术和创新管理学家蒂斯(TeeCe)在

1977 年提出的，他认为企业通过技术的国际转移，能积累起大量的可跨国界应用的知识。作为一种实践活动，知识转移通常被界定为知识在不同层次对象间流动的过程，它在知识的价值实现过程中扮演着不可或缺的中介角色（马费成，王晓光，2006）。

　　近年来，国外学者对知识转移的研究主要以 SECI 模型[①]和交流学说为理论基础，从认知、交流、行为等视角对知识转移的影响因素、转移过程及模式、转移类型与层次、转移策略等进行了理论探讨，研究对象也已经从聚焦公司内部或企业之间的知识转移转向了社会学、教育学等领域，研究视角也逐渐扩大。例如，引入了社会网络视角等。知识转移也正在逐渐成为国内知识管理领域关注的研究热点。在中国知网（CNKI）以"知识转移"为检索词进行指数分析发现，从 1990 年到 2015 年，"知识转移"年发文量增长了约 13 倍，尤其是 2005—2015 年，年发文量有了显著增长，并且保持在较高的水平，2010 年以来年发文量均在 600 篇以上。

　　知识转移的理论基础来自克罗内（Krone）等人的信息理论（Gupta，2000），该理论识别了两个人交流的基本因素：来源方、接收方、知识、渠道、编码和解码等，并指出知识转移是知识的来源方与知识的接收方之间组织知识的双方交换过程（Szulansik，1996；Szulansik，2000）。由于知识转移的来源方和接收方在知识转移过程中占主导地位，因此，许多学者认为知识转移就是知识从一个主体，包括个人或组织，转移到另一个主体，包括个人或组织的过程；知识转移不仅仅是简单的知识传递过程，更是知识的吸收和再利用过程；知识转移是知识不断转化、扩散、共享和创新的过程。

　　知识转移与知识共享密不可分。知识共享主要通过知识转移来实现，知识转移的程度和范围又会影响知识共享的效果。两者在发生的环境、主

---

　　① 知识转化有四种基本模式——潜移默化（Socialization）、外部明示（Externalization）、汇总组合（Combination）和内部升华（Internalization），即 SECI 模型。

体的关系、知识传播的方向上都有明显区别，如表 5-1 所示。

表 5-1　知识转移与知识共享的区别

	知识转移	知识共享
发生的环境	发生在组织的内部或组织之间	一般只发生在组织的内部
主体的关系	知识的发送者较接受者处于知识的优势地位	双方关系比较平等
知识传播的方向	知识交流的方向往往是单向的，知识流动具有定向性	知识交流的方向往往是双向的，知识流动具有不定向性

　　需要指出的是，从知识转移双方的关系来看，组织内部的知识转移不同于组织间的知识转移，组织内部知识转移的参与主体既是知识发送者，也是知识接受者，充当了双重角色和任务；而组织间知识转移的参与主体往往只是知识发送者或者接受者(疏礼兵，2006)。知识转移是重要的知识应用过程，知识在转移的过程中得以实现其价值，而且在知识转移的过程中常常伴随着知识创新(陈卓群，2012)。

　　此外，知识转移与知识转化经常交织在一起，其共同点是两者都是知识管理中心的关键环节，具有高度的蕴含性和融合性，但其研究的侧重点不同，知识转移侧重研究知识主体的行为，是知识客体在知识主体之间的移动；而知识转化侧重研究知识客体的形态，是知识客体本身的形态变迁和自我更新。

5.1.2　知识转移的要素

　　教师在线实践社区中的知识转移是一个特殊的知识传播过程，其目的是缩小社区成员个体与组织之间的知识差距，促进社区成员在实践性知识和课堂教学行为等方面的共同发展(刘春艳，王伟，2014)。对知识转移的构成要素研究是知识转移研究的基础，文献研究表明，知识转移包含五个要素：知识、知识发送者、知识接受者、转移渠道和转移情境(郭春侠，马费成，储节旺，2008）。

（1）知识

从知识本身的特性来看，知识转移依赖于知识是否易于被移植、理解和吸收。知识的隐含性、模糊性、复杂性、嵌入性对知识转移有较大影响（刘春艳，王伟，2014）。通常情况下，知识越隐晦、越复杂、越难于编码、越专有就越难于发生知识转移。教师在线实践社区中既有显性知识，也有大量的隐性知识，而隐性知识是一种嵌入在个体经验中的个人知识，这就给教师在线实践社区中的知识转移带来了特别的挑战（张敏霞，2016）。

（2）知识发送者

知识发送者也称为知识源。知识发送者的知识转移意愿、转移动机、转移能力、可信任程度会对知识转移产生影响（刘春艳，王伟，2014）。其中，知识发送者的转移意愿和转移能力，即编码能力，是影响知识转移的重要因素（苗海艳，郭丽芳，2015）。一般情况下，专家更易转移知识。在教师在线实践社区中，主要有3类人群：专家、助学者和中小学教师。其中，专家和助学者是主要的知识发送者，他们承担着在社区中发送知识的主要任务；中小学教师在参与一段时间的网络研修后，部分成员会在某一方面脱颖而出，也会成为在社区中有一定影响力和关注度的人，也会充当起知识发送者的角色（张敏霞，2016）。

（3）知识接受者

知识接受者的知识接受动机、接受意愿、吸收能力、保持能力和沟通能力都会影响知识转移的效果（刘春艳，王伟，2014）。接受者的接受意愿越强烈、接受动机越显著，其接受知识的积极性就越高。在教师在线实践社区中，中小学教师无论是在接受意愿及动机上，还是在知识的吸收与保持能力、沟通能力上，都存在着显著的差异，这也决定了知识接受者的知识增长程度存在着很大的差异（张敏霞，2016）。

（4）转移渠道

转移渠道也称转移媒介，主要包括交流语言、交流渠道和信息通信技术（Duan，Nie & Elayne，2010），知识转移需要通过媒介来实现。媒介的容量、开放性和丰富性会影响知识转移。通常情况下，面对面的沟通交流、网络传播、互派技术人员、共同研发等是知识转移的主要渠道（刘春艳，王伟，2014）。教师在线实践社区一般都是以正式的项目组建的学习型组织，定期面对面研修与交流、日常的网络研修、大型活动时的共同备课等都为知识转移提供了良好的渠道（张敏霞，2016）。

（5）转移情境

情境因素包括位置距离、文化距离、制度距离、组织距离和知识距离等。研究表明，转移对象间的位置距离、文化距离越大，知识转移效果越差。组织结构中隐含的行为特征会影响知识转移的意向和结果。知识距离指专业、知识结构、认知能力和思维能力的相似程度，当知识发送者与知识接受者之间的知识基础有重叠又有适当交叉时，知识转移的效果较好（Cummings & Teng，2003）。教师在线实践社区中，有来自全国各地的中小学教师，尽管位置距离有远有近，但是每月一次的面对面研修在一定程度上弥补了位置距离的差异；知识发送者会经常深入中小学教师所在的学校进行课堂观察，或者在平台上观看教师上传的课堂录像，与中小学教师共同研讨课堂教学问题，因此，知识发送者与知识接受者之间、知识接受者之间的知识基础既有重叠，又有适当交叉，能在一定程度上保证知识转移的效果（张敏霞，2016）。

转移主体即知识发送者和知识接受者、转移媒介、转移内容、转移情境构成了知识转移分析框架（Albino，Garavelli & Schiuma，1999），这一框架为分析、研究知识转移提供了重要的理论支持。知识转移要素之间的相互作用形成了知识转移活动（袁莉，赵英，2012）。

5.1.3　知识转移过程模型

许多学者从过程视角来认识知识转移。知识转移的过程模型将知识转移划分为不同的阶段。具有代表性的知识转移过程模型有如下三种。

苏兰斯基(Szulanski，1996；Szulanski，2000)将知识转移过程分解为四个阶段(见图5-1)：初始阶段、执行阶段、蔓延阶段和整合阶段，并用此分析了公司内部的知识转移，每一阶段都用标志性的里程碑事件作为指针，并识别了每个阶段的关键问题。

图 5-1　苏兰斯基的知识转移四阶段模型

吉尔伯特和科迪-海斯(Gilbert & Cordey-Hayes，1996)认为，当组织认识到自身缺乏某种知识时，便会产生"知识落差"(Knowledge Gap)，因此就产生对知识引进和知识转移行为的需求。他们将组织间的知识转移分为五个阶段：知识的获取、沟通、应用、接受以及同化(见图5-2)。

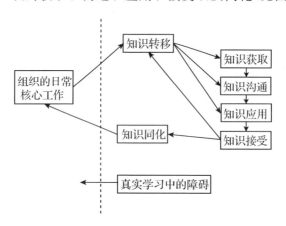

图 5-2　吉尔伯特和科迪-海斯的知识转移五阶段模型

加拉韦利等学者(Garavelli，Gorgogline & Scozzi，2002)把知识转移

过程划分为两个阶段(见图 5-3)：知识从知识源向知识接受方的流动，以及知识接受方对接受的知识进行应用。在知识转移的这两个阶段中，起决定作用的是转移双方的认知系统，当知识源的编码方式适合知识接受方的认知系统时，知识转移会取得较好的效果。

图 5-3　加拉韦利的知识转移两阶段模型

以上知识转移过程模型研究对知识转移各阶段的核心特征进行了描述，在很大程度上丰富了知识转移研究的相关理论，具有一定的实践指导意义。但是这些模型都是对比较抽象意义上的知识转移过程的描述，在现实的知识转移活动中，由于隐性知识具有难以明确表达和解释的特性，且知识转移是一个动态的、连续的、不断磨合和沟通的过程，因此很难实现对知识转移各阶段的清楚界定(朱亚丽，2009)。

5.1.4　教师在线实践社区中知识转移的分类

根据知识的特性可以将知识转移分为显性知识转移和隐性知识转移；根据知识转移的具体形式可以将知识转移分为正式知识转移和非正式知识转移。因此，以知识特性和知识转移的具体形式作为两个建构性维度，可将知识转移活动分为以下四种类型：正式显性知识转移、非正式显性知识转移、正式隐性知识转移、非正式隐性知识转移(见图 5-4)。下面以教师在线实践社区中的"交互式电子白板的教学应用"知识转移为例，讨论四种类型的知识转移活动(张敏霞，2016)。

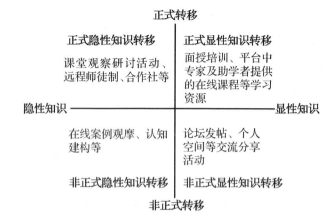

图 5-4　教师在线实践社区中的知识转移类型

（1）正式显性知识转移

这类知识转移在组织中非常普遍。在教师在线实践社区中，正式显性知识转移活动有：①定期的面对面培训活动，这类活动通常由专家在特定场所进行培训，对中小学教师有一定的制度约束。②在网络平台中由专家及助学者提供在线课程或学习资源，这类活动是将知识以文字、图片或视频等形式呈现出来，并在网络平台中发布。正式显性知识转移由于是基于设计的、有组织计划的、有制度保证的知识转移活动，因而知识转移的成功主要与知识发送者和知识接受者的特征有关，受情境因素影响较小。教师在线实践社区中，专家及助学者会为中小学教师组织多种专题的面对面培训，并提供相关的在线课程及资源等，供中小学教师学习，支持正式显性知识的转移。

（2）非正式显性知识转移

这类知识转移在组织中也非常普遍。这种类型的知识转移不受制度约束，是非正式的，因而受组织结构、组织文化等情境因素的影响较大，知识转移的质与量存在很大的不确定性。非正式显性知识转移在教师在线实践社区中，主要表现为在网络平台的论坛发表言论、在个人空间等场所交流分享等活动。该类型的知识转移为了保证知识转移的质与量，通常会采取由专家及助学者引导并参与话题讨论等方式。例如，在教师在线实践社区中，专家和助学者会在线下组织"白板教学工作坊"，并在在线平台中发起一些话题讨论，如"交互式电子白板的哪些功能能够很好地支持授导型教学?""交互式电子白板的哪些功能能够很好地支持探究型教学?""交互式电子白板的不可替代性体现在哪里?"专家及助学者也会借助微信平台等社交媒体发布关于交互式电子白板的教学应用资源，供中小学教师阅读和转载，以促进非正式显性知识的转移。

（3）正式隐性知识转移

这类知识转移是指由特定的隐性知识发送者将特定的隐性知识传授给特定的知识接受者的过程。该类知识转移虽然有制度约束，但由于隐性知识转移需要建立在人际互动基础上，因而，受情境因素的影响较大。在教师在线实践社区中，正式隐性知识转移活动有定期的现场课堂观察研讨、远程师徒制、合作社、同侪互助组等活动，这类活动有制度的约束，如每月一次在现场课堂观察研讨，或者在网络平台的固定栏目下由特定的参与者进行讨论，讨论的内容则是教师课堂教学行为背后包含的隐性知识，由于这类知识无法通过语言、文字等直接表达，所以需要通过亲身的感受、对话、示范、模仿、反思等活动实现知识转移。教师在线实践社区中，专家和助学者会组织"优质白板课大赛""同课异构之白板教学研讨"等活动，在平台中开展"我最赞的白板微教学""优秀课例观摩研讨"等活动，通过这些活动的开展，教师能够通过感受、体验、对话等方式实现知识转移。

（4）非正式隐性知识转移

非正式隐性知识转移是基于人际网络，通过个体间非正式的联结学习而转移隐性知识的。该类型知识转移由于没有制度约束，是非正式的，且隐性知识难以转移，因而，受情境因素的影响也最大。在教师在线实践社区中，非正式隐性知识转移主要包括在线案例观摩等活动。这类活动通常由中小学教师自发进行，因此受教师接受知识的意愿、动机、人际网络关系等影响因素较大。教师在线实践社区中，专家和助学者会组织一些非正式的话题讨论："囧囧有神之白板教学中的那些'囧事儿'""1212 淘宝——淘出我最喜欢的白板教学应用案例"等，在这种非正式的学习活动中，教师通过对基于交互式电子白板的课堂教学情境的探讨，实现了非正式隐性知识的转移。

在以上四种类型的知识转移中，正式知识转移更多地受到知识发送者、知识接受者和被转移知识特征的影响；而非正式知识转移受情境影响很大。无论是正式的还是非正式的，显性知识都较易转移，而隐性知识转移都较为困难，而最为困难的当属非正式隐性知识转移，该类型的知识转移对情境的依赖性最大，需要知识发送者与知识接受者的密切接触才能实现。

5.1.5 教师在线实践社区中的非正式隐性知识转移

知识散布于社会网络中，各种社会关系网络是隐性知识转移的重要渠道。注重个体间正式与非正式沟通，通过人与人的交流、互动，建立信赖的环境，强调人际间的互动与隐性知识转移是目前教师在线实践社区中知识管理关注的焦点。

（1）识别出知识发送者和知识接受者

知识转移往往涉及多个主体，由最初的知识发送者到最终的知识接受者往往需要知识中介在其中起到桥梁作用，由此便形成了知识转移的网络（刘常乐，任旭，郝生跃，2015）。从知识转移实践可以看出，社会网络是隐性知识转移的主要通道，同事之间、上下级之间、师徒之间的日常交流和共同工作环境提供了大量隐性知识转移的机会和渠道。在教师在线实践社区中，每位成员同时拥有知识接受者和知识发送者两种身份。通常情况下，在一次活动或一个阶段中，知识发送者和知识接受者相对固定，如何识别出知识发送者和接受者就成了知识转移的关键。知识势差是产生知识转移的根本原因，知识转移活动从形式上看就是知识从势能高的一方转移到势能低的一方的过程。而知识势能一方面受知识拥有者的知识数量、知识质量和知识结构的影响，另一方面受所处的社会网络关系的影响。因此，可以借助社会网络分析（social network analysis，SNA）来识别教师在线实践社区中的知识发送者和接受者。

情感、信任和关系是隐性知识转移的三大基石（Gupta，2000）。已有研究结果显示，针对面对面合作的业务团队中的联系强度，强联系比弱联系更有利于形成信任，因此能够更有效地促进隐性知识的流通。教师在线实践社区采取了线上与线下混合的研修模式，通过测量教师之间的知晓网络（网络中节点对于其他节点所拥有的知识、技能的了解程度），咨询网络（网络中的节点之间相互咨询与交流信息的状况），以及知识网络（网络节点之间知识的真实交流、传播情况），了解谁拥有自己所需要的知识，利用社会网络中的关系进行知识的转移，从而最大程限地利用知识。在日常的在线研修活动中，通过论坛发帖等形式可以清楚地了解研修教师之间的交流情况，借助于 SNA 可以识别出社区中促使信息、知识有效流动的中心人物和边缘人物。通常情况下，社区的中心人物主要扮演知识发送者的角色，而边缘人物则主要扮演知识接受者的角色。

（2）识别出被转移的知识，并将其显性化

教师在线实践社区中的隐性知识主要是指社区成员拥有的技巧、诀窍以及从教学实践中得到的经验，这就决定了隐性知识无法或暂时不能通过编码的形式表现出来，其转移只能通过知识接受者向知识发送者进行观察、体验、模仿，或知识发送者和知识接受者的共同实践来实现（潘玮，王伟，于跃，等，2014）。因此，要识别出被转移的知识，主要是要解决识别可以满足特定社区成员需求的嵌入在情境之中的知识的问题。

基于课堂教学行为大数据的课堂观察方法与技术是一种能够将教师的隐性知识显性化的方法，同时我们还可以借助与大数据常模数据的对比，实现对教师课堂教学行为及其隐性知识的评价。针对课堂教学行为大数据的原始数据值只有在与大量具有代表性的样本人群所得的分数进行比较时才更有意义，即只有与来自特定团体的人群所获得的对应数据值，即常模相比较时才能回答："我的课堂教学水平处于一个什么样的位置？""我的实践性知识水平处于一种什么样的位置?"等相关问题。因此,在教师在线实践社区中,通过对教师上传的视频课例进行基于大数据的课堂教学行为分析,就能够识别出教师的教学行为特征,并将其显性化,使其成为社区中的公共知识,进而可以在整个社区内产生知识转移。

(3)非正式隐性知识转移案例

在教师在线实践社区的非正式隐性知识转移中,专家及助学者提供的助学服务发挥了知识发现服务功能,具体过程及作用如图 5-5 所示。

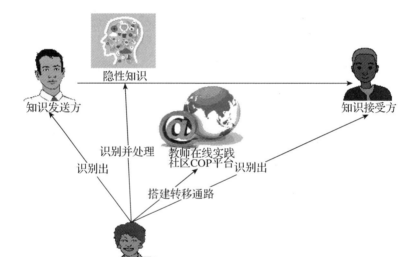

图 5-5　教师在线实践社区中的非正式隐性知识转移过程

专家及助学者除了充当知识发送方的角色外,在非正式隐性知识的转移过程中更起到了识别知识发送者和知识接受者、识别并处理隐性知识、搭建知识转移通路,甚至知识转移效果分析等作用,这里以教师在线实践社区中的一次普通的非正式隐性知识转移活动为例进行介绍。专家及助学者在网上助学的过程中发现,很多中小学教师对于"交互式电子白板的非线性教学"的理解不够充分，不能将其很好地应用到自己的教学中。为此，专家及助学者希望能从交互式电子白板应用比较熟练的教师和在平台中积极发言的社会网络结构的中心人群中寻找典型的教学应用和相关的隐性的实践性知识。于是，在观看这些教师上传的课堂实录的过程中，专家及助学者发现：L 教师在一节数学课中出现了这种非线性教学的典型应用，于是 L 教师成为被识别出的知识发送方，而那些对"交互式电子白板的非线性教学"理解不够充分且想掌握这项技能的教师成了被识别出的知识接受方。专家及助学者把课堂实录进行剪辑，只保留了能体现交互式电子白板非线性教学应用的这部分内容（大约 5 分钟的视频片段），同时制作了交互式电子白板的操作过程演示等配套资源，并把这些资源发布到教师在线实践社区网络平台的显著位置，以提醒知识接受方进行观摩学习。与此同时，专家及助学者还联系了 L 教师，请他在教师在线实践社区网络平台中分享教学经验，回答其他教师提出的相关问题。当作为知识接受方的其他教师随后开展了观摩、体验、讨论与反思的研修活动后，专家及助学者发现在作为知识接受方的教师中，已经有很多教师能够利用交互式电子白板支持他们的非线性教学了，课堂的动态性和生成性也非常突出。专家及助学者对知识转移的效果进行了分析，将知识发送方和知识接受方共同生成的知识进行了加工，形成了教师在线实践社区中新的公共知识。在每月一度的"靠谱 COP 网络研修达人"的评选中，L 教师也因为这个活动获此殊荣。至此，教师在线实践社区中的一次非正式隐性知识转移活动告一段落，关于交互式电子白板支持非线性教学的隐性知识实现了有效的转移。

　　知识转移已经成为教师在线实践社区中一项核心的实践活动，加速了教师在线实践社区组织的知识创新、知识扩散和传播的速度，是教师在线实践社区中知识共享与创新的加速器（王陆，2015）。但知识转移不会自然地在组织内发生，教师在线实践社区作为一种学习型组织以分享和转移教师的实践性知识即隐性知识为主，知识转移的研究实际上仍面临着巨大的挑战。

5.2 教师在线实践社区中的知识转移网络发现

5.2.1 研究方法

在教师在线实践社区中，知识不是一种静态对象，而是蕴含在社会网络中，通过社区成员间的社会交换和合作而积极建构起来的(Cohen & Prusak，2001)。教师在线实践社区中的成员在网络平台中以发帖讨论的方式建立关系，这种关系既是人际互动关系，也是知识转移关系，因此该网络也被称为知识转移网络。社会网络分析处理的对象是关系数据，其分析单位是"关系"。教师在研修过程中的话语互动行为就是知识转移行为，话语中的互动关系体现了知识转移关系(胡来林，杨刚，2016)，社会网络分析的核心价值在于从"关系"角度出发研究社会行动者及其社会结构，因此对知识转移网络中互动关系的分析就能映射出知识转移的过程。

社会计量学、群体动力学和图论三方面基础理论的发展，逐渐形成了专门针对各种互动关系数据进行精确量化分析，能够测量和评价行动者之间彼此交换、分享、传送和接收知识及获得了哪些结果的 SNA 方法(Scott，2000)。SNA 方法已经被应用于其他领域一段时间了，直到最近几年，才有一些学者开始使用 SNA 去研究在线学习环境中的关系问题，并一致认为 SNA 方法提供了与应用其他研究方法所不同的互动关系模式与结构的一些新的和重要的信息(Haythornthwaite，2000 ；Palonen & Hakkarainen，2000 ；Tapola，Hakkarainen & Syri，et al.，2001)，故使用社会网络分析这种方法来窥视和剖析教师在线实践社区中的知识网络是适当的(Russo & Koesten，2005)。

教师在线实践社区讨论区中的关系数据是重要的数据来源。在研修活动中，活动组织者根据研修进度安排和项目实际情况，适时发起讨论话题，教师在参与话题的回帖讨论中进行知识的交流与转移。社会网络分析处理的对象是关系数据，其分析单位是"关系"。成员之间通过讨论区而形成的关系是有方向的，一个方向是个体响应其他成员，另一个方向是其他成员响应个体，这种交流决定了成员之间的响应关系是一个有向赋值关系模型，即对于任何一对成员 X 和 Y，在关系数据矩阵中包含两个涉及他们的关系数据单元格 $(X，Y)$ 和 $(Y，X)$，分别代表在学习过程中，X 响应 Y 的帖子数和 Y 响应 X 的帖子数。

　　在收集数据时，以讨论区中某个主题下帖子的关系为基础，帖子响应关系如图 5-6 所示，带有标签的节点代表的是发帖者（A、B、C、D、E、F、G、H），数字代表的是帖子的编号（1、2、3、4、5、6、7、8），带有箭头的线段代表帖子之间的响应关系，由代表回帖的节点指向其所响应的节点。帖子 1、2、4、6 分别是成员 A、B、D、F 发布的直接响应首帖的回帖；帖子 3 则是成员 C 直接响应成员 A 所发布的帖子，帖子 7、8 则可以分别看成是成员 G、H 直接响应成员 D 的回帖。教师在线实践社区网络平台中，首帖很特殊，通常由负责该项目活动组织的助学者面向全体成员发起，不指向具体某位成员，起到活动组织的作用，因此在分析的过程中一般不把首帖包括在内。

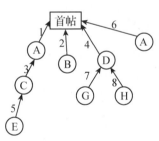

图 5-6　讨论区中的帖子响应关系

　　帖子可以从教师在线实践社区平台的后台数据库获得，并可借助一定的计算机程序将帖子的关系数据转换成矩阵，由于本项目共 101 名成员，所以形成的矩阵行、列各 101 个，行、列按照相同的顺序排列，矩阵中某个单元格的值是该单元格所在行的成员向所在列的成员所发帖子的个数。

本研究案例借助 UCINET 6 软件进行社会网络分析。

5.2.2 研究案例

教师在线实践社区中的知识转移网络以成都靠谱 COP 项目在 2016 年 9 月至 12 月期间的网络研修活动为研究对象，本阶段研修活动的主题是反思性观察。教师在线实践社区的知识转移网络中共 101 名成员，包括 87 名中小学一线教师和 14 名在线助学者。

教师在线实践社区以经验学习圈理论为指导，将网络研修分为四个阶段：具体经验获取阶段、反思性观察阶段、抽象概括阶段和积极实践阶段。2016 年 9 月至 12 月，成都靠谱 COP 项目处在反思性观察阶段，该阶段旨在帮助教师掌握教学反思的具体方法与技术，支持教师以多种形式开展自我反思和集体反思。反思性观察阶段包含四个子阶段，各阶段的具体信息如表 5-2 所示。

表 5-2   网络研修阶段划分及讨论主题

阶段	时间	讨论主题	讨论话题
第一阶段	9 月 5 日—9 月 26 日	热身活动	1-1：交流年会学习心得 1-2：我们的教育微故事 1-3：我是评委：DST 作品评审
第二阶段	9 月 27 日—10 月 18 日	感悟教学反思	2-1：面授培训、成果展示、总结与反思 2-2：回顾课堂观察方法与技术 2-3：案例分析：教师的教学反思为何不见效
第三阶段	10 月 19 日—11 月 15 日	实践教学反思	3-1：面授培训、成果分享 3-2：教师反思中的困惑 3-3：个人反思与集体反思中的经验分享

续表

阶段	时间	讨论主题	讨论话题
第四阶段	11 月 9 日—12 月 20 日	改进教学反思	4-1：面授成果分享 4-2：分享我们的教育信念 4-3：改进、重构我们的教育信念 4-4：【xlxx wazx】校本研修成果分享 4-5：学生眼中的好老师和好课堂 4-6：个人教育诗作品展示
第五阶段	12 月 7 日—2 月 30 日	总结活动	5-1：1212 淘宝活动 5-2：个人学期总结与反思

（1）宏观层次知识转移网络的发现

第一，网络结构分析。社会网络结构是在社会行动者之间实际存在或者潜在的关系模式（Scott，2000），理解社会网络的整体结构模式对完成社会网络的分析十分重要（刘军，2004）。图 5-7 是教师在线实践社区中的知识转移网络结构图。

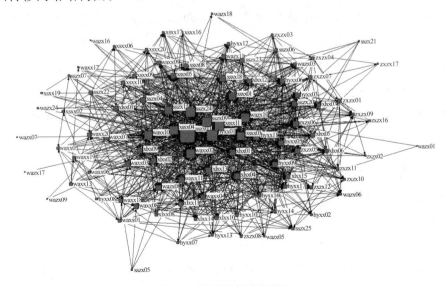

图 5-7　知识转移网络结构

从图 5-7 可以看出，知识转移网络结构比较紧密，没有孤立点，成员之间的关系比较密切。节点形状大小表示该节点与其他节点关系的多寡，中央节点最大，越往外层节点越小，节点之间的关系越来越稀疏。显然知识转移网络是一个复杂网络，只从图中很难看出其内部子结构。

第二，网络规模分析。网络规模是指网络中包含的全部行动者的数目（刘军，2014），是网络实际上的大小。本研究的知识转移网络的规模是 101，在著名的邓巴数值范围内。英国牛津大学人类学教授罗宾·邓巴认为，一个社会群体合适的规模上限为 150 人（Dunbar，1992），即有效地记忆、管理、组织的群体规模应不超过 150 人。

第三，网络密度分析。网络密度是指网络中节点之间关联的紧密程度，计算方法是网络中"实际存在的关系总数"除以"理论上存在的最多关系总数"。网络密度代表网络内关系联结的松散程度。一个网络中节点间的连线越多，该网络的密度就越大，表明网络成员的联系越紧密，知识转移的渠道越丰富，该网络对其中行动者态度、行为等产生的影响就越大（刘军，2014）。在二值网络图中，密度的取值范围从 0 到 1。越接近 1 说明关系越紧密，即网络中任何一个成员和其他成员间的交往密切；越接近 0 说明关系越不紧密，即成员间相互联系较少。一般来说，关系紧密的群体合作行为较多，知识流动较容易（胡勇，王陆，2006）。但许多实证研究表明，过高或过低的密度都不利于知识的交流。经测量，本研修案例中的知识转移网络的密度是 0.2775，标准差是 1.4645，表明该网络有 27.75% 的网络连接。从数值上看，知识转移网络是一种稀疏的网络结构，但是由于密度的测量依赖于网络规模，也就是说，在其他因素不变的情况下，大规模的网络密度要比小规模的网络密度小，这使得不同规模网络的密度难以比较，在实际的网络图中能够发现的最大密度值是 0.5（刘军，2004）。因此可以说网络密度为 0.2775，处于适中水平。

第四，网络成员之间的距离分析。成员之间的距离是指两点之间在图论或矩阵意义上最短途径（捷径）的长度，两点之间的距离是两点之间至少可通过多少条边关联在一起(刘军,2014)。计算结果如表 5-3 所示。

表 5-3　知识转移网络的距离计算结果

	频数	比例
1	1279.000	0.139
2	6036.000	0.656
3	1726.000	0.188
4	157.000	0.017
5	2.000	0.000

注:平均距离为 2.083,建立在距离基础上的凝聚力指数为 0.486。

从表 5-3 可以看出,知识转移网络中的平均距离是 2.083,表明网络中任何两个成员之间平均通过 2.083 个人可以建立联系,具体来说,13.9%的成员之间可以通过 1 个人建立联系,65.6%的成员之间通过 2 个人建立联系,18.8%的成员之间通过 3 个人建立联系,1.7%的成员之间通过 4 个人建立联系。建立在距离基础上的凝聚力指数越大,表明网络越具有凝聚力,本网络的凝聚力指数是 0.486,表明该网络具有比较适中的凝聚力。

第五,网络中心势分析。网络中心势反映的是整体网络或图的集中程度,测量的是一个网络在多大程度上围绕某个或某些特殊点建构起来(刘军,2014),包括度数中心势、中间中心势等。度数中心势是以节点中心度为基础,对整个网络的中心趋势进行分析,以了解整个网络的交往对少数行动者依赖的程度,它的取值范围从 0 到 1。数值越大,代表群体关系集中在少数人的情况越大,说明群体越集权,组织内部的知识交流只是依靠少数几个节点在进行(胡勇,王陆,2006)。经测量,本研究案例的知识转移网络的度数中心势是 0.1841,表明群体关系没有集中在少数行动者上,呈现出"去中心化"的交往趋势,有利于知识的交流与转移。

综上所述，宏观层次的社会网络分析发现了教师在线实践社区知识转移网络的整体特性。

第一，全员参与知识转移活动。教师在线实践社区的知识转移网络是一个由 101 名成员组成的真实社会网络，所有成员都参与了知识转移活动，在网络结构图中没有孤立节点。但是网络中成员的活跃程度有较大差异，位于网络结构图中间部分的成员最活跃。

第二，知识转移活动比较频繁。尽管知识转移网络形成了一个相对稀疏的网络结构，但是成员之间的距离并不长，任何两个成员之间平均通过 2 个人就可以建立联系，这意味着知识转移路径长度约为 2，成员之间开展了较频繁的知识转移活动，而且在不同阶段没有出现明显差别。频繁的知识转移活动也体现出了知识转移网络具有一定的凝聚力。

第三，知识转移网络没有出现集权化。知识转移网络的度数中心势较低，表明群体关系没有集中在少数行动者上，呈现出"去中心化"的交往趋势，有利于知识的交流与转移。这意味着知识转移过程没有被个别成员控制，而是大多数成员都发挥着重要作用。

(2)中观层次知识转移网络的发现

社会网络分析的一个主要关注点是分析出网络中存在的子结构，并通过子结构来简化复杂社会网络，更简洁地可视化表征网络结构及其相互关系，洞悉复杂网络的社会结构。凝聚子群研究是一种社会结构的描述性研究，凝聚子群是满足如下条件的一个行动者子集合，即在此集合中的行动者之间具有相对较强、直接、紧密、经常或者积极的关系（Wasserman & Faust，1994）。根据一个网络中的凝聚子群或者派系，可以理解网络的社会结构和个体的嵌入性。

派系分析是建立在互惠性基础上的，凝聚子群主要是派系，派系是指至少包含 3 个节点的最大完备子集，其中的任意两个节点两两相关。在本研究案例的知识转移网络中，成员相互间的节点数不少于 1、子群中的成员数不小于 3 的情况下，计算出了 13 个派系，具体如图 5-8 所示。

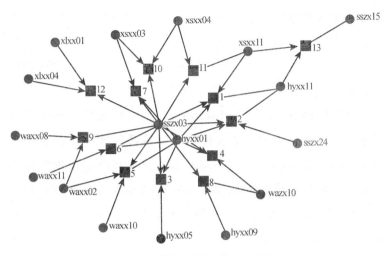

图 5-8　成员—派系联系示意图

　　图 5-8 直观地呈现了成员—派系之间的关系，蓝色方形节点代表派系，红色圆形节点代表成员。从 13 个派系中，我们可以看到成员 sszx03 的出现率最高，出现在了 12 个派系中，sszx03 是一名助学者，同时也负责本项目的活动组织，在各个派系中都担任了重要知识源的角色，与其他成员建立了较为紧密的联系。hyxx01 的出现率也非常高，出现在了 7 个派系中，他是 hyxx 学校的研修团队负责人，不仅与自己团队内的成员关系紧密，也与 xsxx 学校、wazx 学校、waxx 学校建立了密切联系，很好地实现了社区内部跨校的知识转移。hyxx11、xsxx11、wazx10、waxx02、xsxx03、xsxx04 出现在了 2 个或 2 个以上的派系中。派系 3、派系 9、派系 10、派系 11、派系 12 都是由助学者及一个学校的研修教师组成的，同学校的研修教师有经常见面和一起活动的机会，关系紧密，有效地促进了学校内部的知识转移。从派系的分析结果可以看出，该网络群体中存在大量相互重叠的派系，因此有必要研究派系的重叠性。

　　块模型分析最早由怀特、布尔曼和布雷格（White，Boorman ＆ Breiger，1976）提出，它是一种研究网络位置模型的方法，可以把复杂网络简化为"块模型"或"像矩阵"。块模型研究旨在找到总体网络中存在的子群体。一个块模型就是对一元关系或多元关系网络的一种简化表示，代表的是该网络的总体结构，每个位置中的各个行动者具有结构对等性（刘军，2014）。本研究案例采用了 CONCOR 分析法进行块模型分析，块模型的构建采用了最常用的标准——α 密度指标，α 是整个网络的平均密度值。

首先，块模型分析利用了 CONCOR 方法[①]，将知识转移网络的节点进行了相似性分析，计算了 101 个成员的知识转移关系，以确定知识转移网络成员的亲疏关系。CONCOR 方法是以相关为基础发展出来的方法，通过计算，根据网络成员联系的亲疏程度，将知识转移网络中 101 个成员分为 8 个子群，然后得到 101 个成员关系网络的密度矩阵表。研究发现，子群 3 的密度最大，为 0.601；而子群 2 的密度最小，为 0。再将密度矩阵中的每个单元格与整个网络的平均密度（0.2775）进行比较确定是 3－块还是 0－块，若大于等于平均密度，则为 3－块，否则为 0－块，得到像矩阵表。最后，根据矩阵画出 101 个成员的知识转移网络的简化图，如图 5-9 所示。

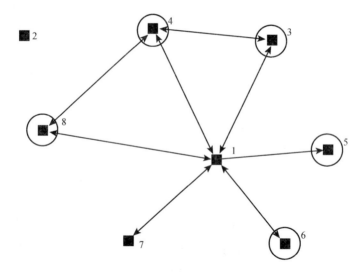

图 5-9　知识转移网络的简化图

① 迭代相关收敛法（Convergent Correlations）。

　　图 5-9 中每一个节点代表一个子群，箭头表示子群和子群之间的关系。凝聚子群分析可以将知识转移网络转换为由八个子群组成且有一定互动关系的内部子结构。子群 2 与其他子群没有任何联系，且其内部成员之间也不互相联系，是孤立子群。子群 3、子群 4、子群 5、子群 6、子群 8 上面带箭头的小圆圈表明从该点出发又回到该点，表示来自自身成员的关系，反映内部成员之间的交流非常多，成员关系紧密；同时他们又接受来自外部成员的关系，为首属位置的特点，地位非常重要。这些子群的密度高于整个网络的密度。这五个子群的成员占全体成员的 68％。子群 1 的位置是整个图的核心位置，且作为图中的桥与切点，是子群 5、子群 6、子群 7 唯一的外界关系来源。子群 1 既向子群 3、4、5、6、7、8 发送外部关系，也接受来自子群 3、4、6、7、8 的外部关系，呈现出了明显的核心—边缘结构，且子群 1 内部成员之间的联系比较少，为经纪人位置的特点。子群 1 担任了子群 3 与子群 5、子群 5 与子群 6、子群 6 与子群 7、子群 7 与子群 8 之间的经纪人角色。子群 1 中除了 waxx06 和 waxx02 外，均是助学者，这也充分体现了知识转移中介人的作用。

　　综上所述，经过中观层次的社会网络分析，研究者发现了教师在线实践社区知识转移网络的结构特性。

　　第一，通过派系分析和块模型分析，将教师在线实践社区知识转移网络分别分成了 13 个派系和 8 个子群，因为派系具有重叠性，因而对子群的分析参考价值更大。凝聚子群是知识转移得以发生的主要源泉，网络中的核心参与者是联系整个网络的纽带，带动和维持整个网络群体的知识转移。

　　第二，不同凝聚子群占据了网络中的不同位置。助学者主要占据经纪人位置，与多个子群之间关系紧密，位于 8 个子群的中央，反映出助学者在知识转移过程中主要充当了经纪人的角色，占据经纪人位置，则意味着助学者可以向一个位置发送知识，却从另外一个位置接受知识，因此在知识发送和知识接受的过程中起到了知识中介人的作用。大多数研修教师占据了首属位置，在子群内部和子群之间的关系都非常多，反映出这部分研修教师之间的知识转移活动非常频繁。

（3）微观层次知识转移网络的发现

"中心性"是社会网络分析的研究重点之一。度数中心度、中间中心度和接近中心度是比较常用的个体中心性指标。中心性是一个重要的个人结构位置指标，能够有效衡量成员在特定网络的绩效（Song，Nerur & Teng，2007），可用于评价一个人重要与否，在其社会网络中是否具有权力或者说居于中心地位。常用的个体中心性有度数中心度和中间中心度等。

度数中心度也称程度中心度。度数中心度测量社会网络中一个节点与所有节点相联系的程度，是最常用来衡量谁是群体中的中心人物的指标，中心人物在教师在线实践社区中占据重要地位，掌握着较多的知识资源，这样的人比较有权力或者地位较高。在有向图中，度数中心度分为点出度中心度和点入度中心度。点出度中心度较高，表明成员较主动地向其他人员转移知识，是重要知识源；点入度中心度较高，表明该节点较多地接受来自其他成员的知识。中间中心度是测量一个网络中控制信息交流或资源流动的指标，它测量的是行动者对资源控制的程度。中间中心度较高的节点，可以控制其他行动者，它处于网络的核心，拥有很大的权力，其引导知识流通的机会较多，亦即占据了操纵知识流动的关键位置，在知识转移中可起到非常大的作用。表 5-4 为本研究案例的度数中心度和中间中心度的测量值。

表 5-4　知识转移网络的度数中心度和中间中心度描述统计

	点出度中心度	点入度中心度	中间中心度	标准化的点出度中心度	标准化的点入度中心度	标准化的中间中心度
平均值	28.129	28.129	98.683	0.525	0.525	0.997
标准差	26.284	101.022	366.167	0.491	1.887	3.699
总和	2841.000	2841.000	9967.000	53.073	53.073	100.677
最小值	1.000	0.000	0.000	0.019	0.000	0.000
最大值	199.000	1010.000	3586.250	3.718	18.868	36.225

　　社会网络中存在一些典型的网络位置，如核心位置和结构洞位置等。核心位置是指个体行动者在一个社会网络中拥有许多与其他成员的连接，处于网络的中心。在网络结构图中可以看到高核心度的行动者比那些处于边缘的行动者拥有更多的联结，也更活跃、更有声望和权力（Freeman，1979），处于核心位置的行动者的网络角色为网络的核心人物，他们对其他行动者在资源获取方面给予控制的能力比较高，因为他们在交换资源时能从更多的行动者中选择交换对象（Sparrowe，Liden & Kraimer，2001）。

　　根据行动者核心度的数值，可以判断行动者在社会网络中所处的位置，即核心—边缘位置。核心人物在教师在线实践社区中处于核心位置，和其他成员有着紧密的关系，容易获取资源，他们大部分人承担社区的组织与领导工作，收集整理社区的知识进入社区的知识资源库，知识转移行为频繁。介于核心人物和边缘人物之间的人称为半边缘人物，他们会定期参加活动，但是不像核心人物那么有规律，和其他成员的关系强度也较弱，知识转移行为会受到一定的限制。边缘人物则很少参与讨论，更多的是倾听与学习，知识转移行为最少。从五个阶段核心人物的变化可以看出，教师在线实践社区的成员位置是动态变化的，知识也是不断流动的。表 5-5 为本研究案例中部分节点核心度测量结果。

表 5-5　知识转移网络的节点核心度（部分）

节点名称	核心度	节点名称	核心度
sszx15	0.202	zxzx01	0.0607
sszx04	0.040	zxzx06	0.055
sszx03	0.359	zxzx07	0.088
sszx17	0.005	zxzx08	0.035
sszx05	0.005	zxzx09	0.047
zxzx02	0.022	zxzx10	0.107
zxzx03	0.039	zxzx11	0.044

续表

节点名称	核心度	节点名称	核心度
zxzx04	0.099	zxzx12	0.051
zxzx16	0.020	wazx01	0.004
zxzx05	0.080	wazx16	0.007

结构洞表示非冗余的联系。伯特认为，一个结构洞是两个行动者之间非冗余的联系，结构洞能够为其占据者获取"信息利益"和"控制利益"提供机会，从而使其占据者比网络中其他位置上的成员更具有竞争优势(Burt，1992)。判断结构洞主要依靠凝聚性和对等性。所谓凝聚性，是指如果一个行动者的两个联络人之间存在直接的关系，凝聚力加大，冗余性也增强。如果两个行动者与网络中的同一群人之间共享同样的关系，这两个人之间的结构就是对等的(刘军，2014)。表5-6为本研究案例部分结构洞指数分析结果。

表 5-6　知识转移网络的结构洞指数分析结果(部分)

节点名称	有效规模	效率	限制度	等级度
sszx15	21.797	0.807	0.124	0.211
sszx04	2.000	1.000	0.500	0.000
sszx03	81.839	0.952	0.043	0.173
sszx17	0.000	0.000	0.000	……
sszx05	0.000	0.000	0.000	……
zxzz02	1.000	0.500	0.541	0.002
zxzx03	1.250	0.625	0.580	0.011
zxzz04	1.167	0.583	0.809	0.411
zxzx16	1.833	0.611	0.454	0.053
zxzx05	3.167	0.633	0.358	0.328
……	……	……	……	……
sszx22	3.000	1.000	0.333	0.000

节点名称	有效规模	效率	限制度	等级度
sszx23	4.167	0.694	0.233	0.007
sszx24	9.059	0.647	0.174	0.172
sszx25	2.000	1.000	0.500	0.000

有效规模指的是该行动者的个体网规模减去网络的冗余度，即网络中的非冗余因素。有效规模越大，说明网络重复程度越小，则存在结构洞的可能性就越大。效率指的是该行动者的有效规模与实际规模之比。效率越高，说明它在网络中行动效率高，对其他个体的影响程度越大。限制度是指该行动者在自己的网络中运用结构洞的能力。限制度越低，表明所覆盖的网络越开放，则该行动者的自我节点有许多连接节点，且这些连接节点之间没有联结，存在的结构洞数量较多。等级度指的是限制性在多大程度上集中在一个行动者身上。等级度越低，说明该行动者越居于网络的核心，其对网络的控制力越大；等级度越高，说明该行动者越受到限制。

在以上四个指标中，限制度最为重要。从表 5-6 可以看出，sszx03 的有效规模最大，效率很高，限制度和等级度均较低，因此，sszx03 的有效规模最大，是整个网络中掌握结构洞最多的人，是网络中核心的意见领袖，对其他个体的影响程度最大。sszx15、zxzx05、zxzx16、sszx24 等行动者的限制度也均小于 0.5，说明他们也掌握了较多的结构洞，是网络中的意见领袖。

综上所述，微观层次的社会网络分析发现了教师在线实践社区知识转移网络的个体特性。

第一，中心性分析可以更加精确地衡量每一个成员在知识转移网络中所处的地位，揭示不同知识转移流向中教师的地位和角色（冯建元，史丽萍，2011）。在知识转移过程中，每个教师既可能是知识发送者，同时也可能是知识接受者。对应在知识转移网络中，点出度中心度高的成员主要表现出了知识发送者的角色，点入度中心度高的成员则主要表现出了知识接受者的角色，同时有部分成员的点出度中心度和点入度中心度都很高，是教师在线实践社区中最活跃的成员。中间中心度高的成员在知识转移过程中也起到了沟通其他成员的重要作用，可以促进整个社区的知识转移。

第二，在知识转移网络中，不同成员所处的位置也不相同，有些成员处于核心位置，有些则处于边缘位置。核心人物处于核心位置，和其他成员有着紧密的关系，知识转移行为频繁；而边缘人物的知识转移行为则非常少。在不同阶段，成员的位置也在发生变化，这反映出知识转移活动的动态性，这样的网络动态特性为知识转移创造了非常好的条件。

第三，知识转移网络中存在结构洞，一定数量的行动者掌握了结构洞位置，成为知识转移网络中的意见领袖。占据较多结构洞位置的意见领袖主要承担知识转移中介的作用，这有利于促进知识转移行为在更多成员之间的发生。

知识转移活动作为一种社会活动，存在于一定的社会关系系统中（马费成，王晓光，2006）。教师在实践社区中学习的目的就是让自身的组织知识"活化"起来，"活化"的方式就是知识转移，知识转移能够实现教师知识的更新、增值和优化（胡来林，杨刚，2016）。知识转移需要借助某种中介才能实现，而网络关系是知识转移的基本条件。本研究案例通过对教师在线实践社区知识转移网络进行全方位的社会网络分析，发现了知识转移网络的整体结构和内部子结构，以及网络中成员的特性，为进一步探究知识转移的影响因素提供了全面且深入的信息。

5.3 教师在线实践社区中的知识转移影响因素研究

许多学者对个体、群体或组织间的知识转移的影响因素进行了研究。代表性的研究包括：西莫宁（Simonin）强调知识的因果模糊性对联盟企业之间知识转移效果的影响（Simonin，1999）。知识的因果模糊性是对与技术或知识相关的市场行为和行为结果、输入与输出、原因和结果之间的逻辑性关系缺乏理解的表现。知识特性、转移双方特性、情境因素等通过知识的因果模糊性的中介作用来实现对知识转移效果的影响。卡明斯等人(Cummings & Teng，2002)提出的关于研发团队的知识转移影响因素模型包括：知识情境、相关情境、受体情境和行为情境共四个因素。阿尔比诺等学者(Albino，Garavelli & Schiuma，1994)将信息学研究中沟通理论引入知识转移影响因素的相关研究，认为知识转移双方主体、内容、情境以及媒介四个要素会共同影响知识转移的结果。知识转移主体可以是个人或是组织，知识转移情境包括组织内和组织外的情境。苏兰斯基提出了知识源、知识接受方、知识的内容、知识转移的途径、知识转移的情境共五个知识转移的影响因素。除了以上的因素外，战略意图、组织能力、伙伴选择、信任、组织文化等也都对知识转移有一定影响(Sié & Yakhlef，2009；Uwe，Heike & Maximiliane，2009；Wang & Lu，2010)。

综上所述，大多数学者把知识转移分析的重点放在主体的个体属性上，他们认为具有相同属性的行动者的行为方式也相同，但他们忽视了行动者之间的关系以及其他行动者可能产生的影响，这顺延了一般传统的社会学研究方式(朱亚丽，2009)。但是世界是由网络组成的，在由多种关系组成的社会系统中，应根据行动者之间的关系模式来理解观察到的社会行动者的属性特征。知识具有波粒二象性(李静，2007)，教师在线实践社区更注重知识的"波"属性，即知识在知识主体间的流动(王陆，2015)、知识主体之间的关系、知识主体之间构成的通道可以反映知识主体间基于知识内容的交换和交流，而对知识主体的关系和通路的研究则可以借助社会网络进行。因此，本节选取社会网络视角，对教师在线实践社区中知识转移的影响因素进行深入研究。

5.3.1　研究方法

本研究以特定的教师在线实践社区为研究对象，基于社会网络视角，对组织内部的知识转移的影响因素进行实证研究，以获取对知识转移产生直接影响和间接影响的因素，并深入分析影响因素之间的关系。

一般认为，知识转移包含五个要素：知识、知识发送者、知识接受者、转移渠道和转移情境（郭春侠，马费成，诸节旺，2008）。知识发送者和知识接受者是知识转移中的两大主体，其属性被称为个体属性。

本研究的因变量是知识转移效果，自变量是知识转移的要素和教师在线实践社区中的网络特性，由于网络特性可能会对个体属性产生一定影响，因此，将自变量确定为网络特性、知识特性、渠道特性和情境特性，将知识主体的个体属性作为中介变量。知识发送者的个体属性包括知识发送者的发送意愿和发送能力，知识接受者的个体属性包括知识接受者的接受意愿和接受能力。

知识转移效果是指知识接受者对知识转移的满意程度、接受知识的容易性、再创造程度以及知识接受者知识基础的变化。知识发送者的发送意愿是指知识发送者在发送知识的过程中，是否愿意以及在多大程度上愿意发送知识；知识发送者的发送能力是指对知识接受者的需求进行评估的能力和能够清楚地表达自身所拥有知识的能力；知识接受者的接受意愿是指在知识转移过程中，知识接受者接受知识的意图以及在接受知识的过程中所表现出的主动程度；知识接受者的接受能力是指知识接受者评估、消化、吸收并将新知识应用于教育教学实践的能力。知识的特性非常复杂，本研究用知识的缄默程度来表示，即知识在转移过程中难以被编码化和文字化的程度，以及受知识接受者的经验和积累影响的程度。渠道特性是指知识转移渠道的开放性和丰富性。情境特性是指知识发送者与知识接受者之间的位置距离、组织距离、文化距离和知识距离等。由于教师在线实践社区的特殊性以及社区成员的双重角色（既是知识发送者，也是知识接受者），本研究将知识转移情境界定为组织的制度，特别是激励机制的距离（张敏霞，2016）。

由于本研究限定在教师在线实践社区内部的知识转移，社区中的成员均在同一个社会网络内，因此，知识发送者和知识接受者具有相同的整体网络特性，将不再加以区分。网络特性主要包括联结强度、网络密度和网络中心度。联结强度是指知识发送者和知识接受者之间在知识转移过程中的相互依赖程度以及关联的紧密程度，是对知识转移双方一对一的关系密切程度的度量。网络密度是指知识发送者和知识接受者被第三方联系所围绕的程度，是对知识转移双方共同拥有的第三方的数量的度量。网络中心度是指教师在线实践社区成员与其他众多成员建立直接或间接联结而在网络中占据一个重要战略位置的程度，反映了成员获取资源的能力、控制其他成员的能力以及不被其他成员控制的能力，是对知识转移双方在各自所拥有的关系网络中是否处于核心位置的度量。

本研究通过问卷获得所需要的测量数据与信息。问卷内容包括对网络特性、渠道特性、情境特性、知识特性、个体属性和知识转移效果的测量。本研究所使用的测量问卷是在参考已有文献的基础上（Simonin，1999；Argote & Ingram，2000；Cummings & Teng，2003；Levin & Cross，2003；Reagans & McEvily，2003；王晓娟，2007；陈卓群，2012；孙源，2014），根据教师在线实践社区的实际情况做了适当修改后而形成的。

"教师在线实践社区（靠谱 COP）项目中知识转移影响"调查问卷分为四部分：第一部分是个人基本信息；第二部分是对网络特性、渠道特性及情境特性的测量；第三部分是被试作为知识接受者，对其知识特性、知识接受者的个体属性、知识转移效果的测量，第四部分是被试作为知识发送者，对其个体属性的测量。第二、第三、第四部分共 59 个问题，均采用了李克特五点式量表（分为完全不符合、基本符合、难以说清、基本符合、完全符合）。

本研究遵循"网络特性—知识转移要素—知识转移效果"的思路，探讨网络特性与知识转移要素之间的相互作用及关系，以及对知识转移效果的影响，因此，提出如图 5-10 所示的知识转移影响因素假设模型，即教师在线实践社区的联结强度、网络密度和网络中心度等网络特性会通过个体属性对知识转移效果产生影响，在知识特性、渠道特性、情境特性对知识转移效果的影响中产生调节作用。

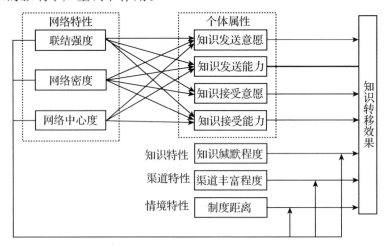

图 5-10 知识转移影响因素的假设模型

5.3.2 研究案例

本研究以四川省成都市天府新区第一期教师在线实践社区项目(以下简称"成都靠谱 COP 项目")为研究对象。该项目于 2015 年 9 月启动，共有 6 所中小学中每所学校的 15 名教师组成了靠谱 COP 研修团队，团队一共 90 名研修教师；该项目的助学服务团队核心成员共 4 位，包括 2 名指导教师和 2 名助学者。故本研究案例的研究对象为 94 人。

本研究通过网络问卷形式对 94 名成员进行调查，共有 82 名成员提交了调查问卷，剔除选项一致、前后矛盾选项等无效问卷，共获得有效问卷 80 份，有效率为 85.11%。针对这些有效问卷，对问卷中的量表部分进行了项目分析，经过高低分组独立样本 t 检验后，发现 8 道题的临界比值未达显著水平，将这 8 道题目删除，保留了 51 个题目。

(1)信度与效度分析

信度反映被试填写调查问卷的可信程度。本研究的绝大多数问题采取了李克特五点式量表的形式，信度评价主要针对测量项目的内部一致性，可以用 Cronbach Alpha 系数进行评价。分析结果表明，Cronbach Alpha 值为 0.951，说明问卷具有良好的内部一致性和较高的可靠性。

效度是指实际测量值反映试图测量特征的程度。本研究对问卷进行了 KMO 和 Bartlett 球体检验，KMO 系数为 0.743，Bartlett 球体检验达到显著性水平，反映出问卷具有一定的区分度，数据文件适合进行因素分析。

（2）描述性统计与分析

在 82 名被试中，教龄在 10 年以上的成熟教师最多，占比为 61.3%；5～10 年教龄的胜任教师占比为 21.3%，5 年以下教龄的新手教师占比 17.5%。小学教师居多，占比 66.3%；中学教师次之，占比 28.8%，主要任教学科以语文、数学和英语为主；其余约 5% 为大学人员。

本研究的每一个变量都是通过李克特五点式量表对多个问题进行测量后得到的潜变量，为此需要对变量进行赋值，采取计算均值方法，以直接计算多个问题的均值作为变量值，并用得到的变量值进行后续的相关分析和回归分析。赋值后各变量的描述性统计结果如表 5-7 所示。

表 5-7　变量的描述性统计结果

变量名称	最小值	最大值	均值	标准差
网络中心度	2.00	5.00	3.3650	0.80553
联结强度	1.00	5.00	4.1775	0.65603
网络密度	1.33	5.00	3.9792	0.79085
渠道丰富程度	2.75	5.00	4.3094	0.63923
制度距离	2.25	5.00	4.1938	0.67150
知识缄默程度	1.00	5.00	3.8925	0.77945
知识接受意愿	1.00	5.00	3.9667	0.76968
知识接受能力	2.33	5.00	3.7417	0.63749
知识发送意愿	1.00	5.00	3.9833	0.81805
知识发送能力	1.60	5.00	3.6125	0.79003
知识转移效果	1.38	5.00	3.7719	0.64102

（3）相关性检验

本研究案例采用 Person 相关分析方法对各研究变量进行相关性检验。在这些变量中，只有知识接受能力、知识发送意愿、知识发送能力与渠道丰富程度之间不具有相关性，其余均在 0.01 或 0.05 水平下呈现显著正相关关系，即知识发送者的发送意愿和发送能力、知识接受者的接收意愿和接受能力、知识缄默程度、知识转移渠道的丰富程度、知识转移情境的制度距离均与知识转移效果显著正相关。联结强度、网络密度和网络中心度与知识发送（接受）意愿、知识发送（接受）能力、知识缄默程度、渠道丰富程度与制度距离显著正相关。

（4）回归分析

研究者进一步采用了逐步回归分析方法，得到了表 5-8 所示的知识转移要素对知识转移效果的回归分析结果。

表 5-8　知识转移要素对知识转移效果的回归分析结果

因变量	自变量	标准化系数（β）	t 值	Sig.	VIF	R²	F 值（Sig.）
知识转移效果	知识接受能力	0.382**	4.067	0.000	2.540	0.739	5.314（0.024）
	知识接受意愿	0.354**	4.480	0.000	1.799		
	渠道丰富程度	0.164*	2.553	0.013	1.185		
	知识发送能力	0.200*	2.305	0.024	2.167		

说明："**""*"表示分别在 0.01 和 0.05 的水平上显著。

从表 5-8 可以看出，在知识转移要素对知识转移效果的回归分析中，VIF 统计量的值均远小于 10，为可接受的范围，由此可以判定自变量之间不存在严重的多重共线性问题。F 统计量的值是 5.314，回归效果显著（在 0.05 的概率水平上）。

知识转移要素共七个，但只有四个进入回归结果中，即知识接受能力、知识接受意愿、渠道丰富程度、知识发送能力对知识转移的回归系数为正，且在 0.05 水平上显著相关，因而知识接受能力、知识接受意愿、知识转移渠道、知识发送能力均显著正向影响知识转移效果。四个自变量共可解释"知识转移效果"因变量73.9%的变异量。回归结果可以表示为：

知识转移效果＝0.382×知识接受能力＋0.354×知识接受意愿＋0.2×知识发送能力＋0.164×渠道丰富程度　　　　　　　　　　（公式5-1）

（5）知识转移个体属性中介效应的分析

中介变量指考虑自变量 X 对因变量 Y 的影响，如果 X 通过影响变量 M 来影响 Y，则称 M 为中介变量，中介变量的模型可以用图5-11表示（温忠麟，侯杰泰，张雷，2005）。图5-11通过路径图和相应的方程说明了变量之间的关系。其中，c 是 X 对 Y 直接回归所得到的系数，c' 是中介变量 M 一起进入回归后 X 对 Y 的回归系数。本研究采用了温忠麟等提出的中介效应检验程序进行检验。

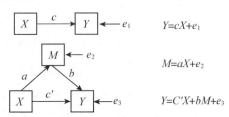

$$Y=cX+e_1$$
$$M=aX+e_2$$
$$Y=C'X+bM+e_3$$

图 5-11　中介变量示意图

经检验发现，知识发送意愿在联结强度影响知识转移效果时具有完全中介作用；知识发送能力在网络中心度影响知识转移效果时具有完全中介作用；知识接受意愿在联结强度影响知识转移效果时具有完全中介作用；知识接受能力在网络中心度影响知识转移效果时具有完全中介作用。网络密度对知识转移效果不能产生显著影响。

这一研究结果表明：教师在线实践社区中的联结强度能增强知识发送意愿和知识接受意愿，从而对知识转移效果产生显著正向影响；网络中心度能增强知识发送能力和知识接受能力，从而对知识转移效果产生显著正向影响。这意味着通过改善网络的联结强度和网络中心度，可以提高知识发送及接受意愿、发送及接受能力，进而提升知识转移的效果。

（6）网络特性调节效应的分析

调节变量是指如果变量 Y 和变量 X 的关系是变量 M 的函数，则称 M 为调节变量，即 Y 与 X 的关系受到第三个变量 M 的影响，调节变量的模型可用图 5-12 表示（温忠麟，侯杰泰，张雷，2005）。本研究所涉及的网络特性及知识特性、渠道特性、情境特性基本为连续变量，因此将带有乘积项的回归模型做层次回归分析。因知识缄默程度、渠道丰富程度和制度距离中只有渠道丰富程度进入了知识转移效果模型，因此需要分别检验网络中心度、联结强度和网络密度对知识转移渠道是否有调节作用。

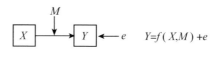

图 5-12　调节变量示意图

经检验发现，"网络中心度与渠道丰富程度"的回归系数为-0.075，其中 $t=-0.774$，$p=0.441>0.05$，表示对知识转移的效果影响不显著，即网络中心度不能调节渠道丰富程度与知识转移效果之间的正向关系；"联结强度与渠道丰富程度"的回归系数为-0.104，其中 $t=-0.965$，$p=0.338>0.05$，表示对知识转移的效果影响不显著，即联结强度不能调节渠道丰富程度与知识转移效果之间的正向关系；"网络密度与渠道丰富程度"的回归系数为-0.164，其中 $t=-1.718$，$p=0.090>0.05$，表示对知识转移的效果影响不显著，即网络密度不能调节渠道丰富程度与知识转移效果之间的正向关系。

因此，教师在线实践社区的网络特性不会对知识特性、渠道特性和情境特性产生显著影响，无法调节对知识转移效果的影响。

（7）研究结论与启示

本研究运用描述性统计、相关分析、回归分析等方法，对假设模型和研究假设进行了实证检验，得到了知识转移影响因素的修正模型（见图5-13）。

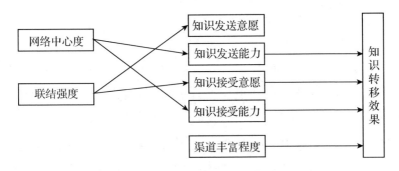

图 5-13　知识转移影响因素的修正模型

教师在线实践社区中，网络特性、个体属性、知识特性、渠道特性和情境特性都与知识转移效果显著正相关。但是知识转移效果主要受到知识发送能力、知识接受意愿、知识接受能力、知识转移渠道丰富程度的影响。其中，知识接受能力和知识接受意愿的影响力最强，即知识转移效果受知识转移接受者的能力与态度影响最大。换句话说，知识转移接受者的知识加工与知识存储能力，以及知识转移接受者对知识转移的意愿是最重要的因素。在与教师的访谈中研究者也了解到，在自媒体时代，教师已经习惯通过博客、微博、微信、论坛等多种媒体平台分享知识，发送知识的意愿比较强；同时在教师在线实践社区的面对面活动现场或者网络平台中，助学团队经常鼓励教师分享自己的观点，并为之提供大量机会。因此，要想提高教师在线实践社区中的知识转移效果，提高知识接受者的接受能力和激发其接受意愿将至关重要，同时知识发送者的发送能力和知识转移渠道的丰富程度也将产生一定影响。

知识发送能力和知识接受能力在网络中心度影响知识转移效果时起中介作用，即占据社会网络中心位置的知识主体对知识转移具有较强的影响作用。知识发送意愿和知识接受意愿在联结强度影响知识转移效果时起中介作用，即在具有熟人关系的强联结网络中知识转移和接受的意愿会比较强，且知识转移也会出现比较好的效果。网络特性不能调节渠道丰富程度对知识转移效果的影响。网络特性对渠道丰富程度与知识转移效果之间的正向关系的调节作用并不明显。

本项研究案例带给我们的启示如下。

第一，培育社区成员的知识接受意愿与知识接受能力。教师在线实践社区中，知识转移接受者的知识加工与知识存储能力，以及知识转移接受者对知识转移的意愿是影响知识转移效果的最重要的因素。因此，教师在线实践社区可以通过提升知识转移接受者的知识加工与知识存储能力来提高知识转移效果。例如，可以通过校本研修与线上研修活动相结合的方式，借助知识加工、知识存储的方法与工具，如头脑风暴法、移动城堡法、维恩图、思维导图、教学反思模板、教学反思数字故事、教师教育诗和课堂关键事件等，激发教师的知识接受意愿，提升教师知识加工与存储的能力。

第二，提升社区成员之间的熟悉程度。教师在线实践社区中，在具有熟人关系的强联结网络中知识转移和接受的意愿会比较强，且知识转移也会出现比较好的效果。因此，有意识地增强教师在线实践社区中成员之间的熟悉程度将有利于提高知识转移的效果，可以采取多种线上与线下搭建熟人关系建立的办法。例如，在每月一次的面对面线下研修活动中，通过热身游戏和分组方法等，尽可能安排不同学校的教师组建学习小组，并记住组内成员的名字和单位等特征，为他们构建熟人关系提供基本条件，改善彼此生疏的关系；在网络线上活动中，注意发现拥有相同研讨兴趣却在不同学校的研修教师，主动带领助学团队为他们搭建沟通桥梁，如加入相同讨论群组和微信群等，为他们发展熟人关系创建更多的联结和机会；在网络平台中有典型的学科案例或学科资源时，推荐给同学科彼此还不熟悉的教师等，有意识地增强教师在线实践社区中教师之间的熟悉程度等。

第三，适当扩大成员的网络规模和活跃社区成员的数量。教师在线实践社区中，占据社会网络中心位置的知识主体对知识转移具有较强的影响作用，在知识转移过程中主要充当知识发送者的角色，这使得处于非中心位置的教师能够不断接受知识，实现实践性知识的增长。对教师在线实践社区的社会网络分析表明，处于网络中心位置的成员主要由助学者和部分积极活跃的教师组成，他们更多地承担了知识发送者的角色。因此，助学者一方面要鼓励核心位置的教师继续发挥知识发送者的作用，另一方面也要定期引入学科专家、其他地区的优秀教师进入教师在线实践社区，引导他们在面对面活动和网络活动中进入社会网络中心位置，适当扩大成员的网络规模和活跃社区成员的数量，这些专家成员的进入和外部知识资源的引入也有利于提高网络中所有成员的知识转移质量。

　　本章从社会网络视角出发，对知识转移的网络特性、知识转移要素以及知识转移效果之间进行了知识发现研究，全面揭示了网络特性发生作用的内在机制，对教师在线实践社区的培育和发展具有重要意义。

【本章参考文献】

　　[1]陈卓群. 基于学术博客的个体之间知识转移研究[D]. 上海：华中师范大学，2012.

　　[2]冯建元，史丽萍. 基于社会网络分析的显性知识转移网络特征研究——以哈尔滨市 50 家典型机构为例[J]. 情报杂志，2011(11).

　　[3]郭春侠，马费成，储节旺. 国内外知识转移研究述评[J]. 情报理论与实践，2008(3).

　　[4]胡来林，杨刚. 基于网络化学习的教师知识转移实证研究[J]. 现代远程教育研究. 2016(4).

　　[5]胡勇，王陆. 网络协作学习中的社会网络分析个案研究[J]. 开放教育研究，2006(10).

　　[6]姜勇. 教师知识管理新趋向：从个人知识到团队知识[J]. 外国中小学教育，2005(11).

　　[7]李静. 论知识的"波粒二象性"与知识管理[J]. 图书馆学研究，2007(6).

　　[8]刘常乐，任旭，郝生跃. 基于网络视角下项目知识转移过程的实证研究[J]. 图书馆学研究，2015(16).

　　[9]刘春艳，王伟. 国内外知识转移影响因素研究综述[J]. 图书馆学研究，2014(8).

[10]刘江盟. 实践社群知识转移机制研究——基于社会网络视角[D]. 大连：大连理工大学，2013.

[11]刘军. 社会网络分析导论. 北京：社会科学文献出版社，2004.

[12]刘军. 整体网分析——UCINET 软件使用指南（第二版）[M]. 上海：格致出版社，上海：上海人民出版社，2014.

[13]马费成，王晓光. 知识转移的社会网络模型研究[J]. 江西社会科学，2006(7).

[14]苗海艳，郭丽芳. 个体间知识转移效果的 ISM 分析[J]. 企业经济，2015(4).

[15]潘玮，王伟，于跃，等. 社会网络视角下企业内部隐性知识共享效率的测度方法研究[J]. 情报科学，2014(8).

[16]疏礼兵. 团队内部知识转移的过程机制与影响因素研究——以企业研发团队为例[D]. 杭州：浙江大学，2006.

[17]孙源. 高技术集群企业知识网络中知识转移效果的影响因素研究[D]. 北京：北京交通大学，2014.

[18]温忠麟，侯杰泰，张雷. 调节效应与中介效应的比较和应用[J]. 心理学报，2005，37(2).

[19]王陆. 教师在线实践社区的知识共享与知识创新的机理分析[J]. 电化教育研究，2015(5).

[20]王晓娟. 知识网络与集群企业竞争优势研究[D]. 杭州：浙江大学，2007.

[21]袁莉，赵英. 社会网络下的知识服务[M]. 成都：四川大学出版社，2012.

[22]张敏霞. 教师在线实践社区（COP）中的知识转移研究[J]. 开放学习研究，2016(2).

[23]朱亚丽. 基于社会网络视角的企业间知识转移影响因素实证研究[D]. 杭州：浙江大学，2009.

[24]Albino V. , Garavelli A. C. & Schiuma G. Knowledge transfer and inter-firm relationships in industrial districts：The role of the leader firm[J]. *Technovation*，1998，19(1).

[25]Argote L. &. Ingram P. Knowledge transfer: A basis for competitive advantage in firms [J]. *Organizational Behavior and Human Decision Processes*, 2000, 82(1).

[26]Burt R. S. *Structural Holes: The Social Structure of Competition*. Cambridge, MA: Harvard University Press, 1992.

[27]Cohen D. J. &. Prusak L. *In good company: How social capital makes organizations work*[M]. MA, Boston: Harvard Business Press, 2001.

[28]Cummings J. L. Knowledge transfer across R &. D units: An empirical investigation of the factors affecting successful knowledge transfer acrossintra-and inter-organizational units. Washington: The George Washington University, 2002.

[29]Cummings J. L. &. Teng B. S. Transferring knowledge: The key factors affecting knowledge transfer success[J]. *Journal of Engineering &. Technology Management*, 2003, 20(1).

[30]Duan Y. , Nie W. , &. Coakes E. Identifying key factors affecting transnational knowledge transfer[J]. *Information &. Management*, 2010, 47(7/8).

[31]Dunbar R. I. M. Neocortex size as a constraint on group size in primates[J]. *Journal of Human Evolution* 1992, 22(6).

[32]Freeman L. C. Centrality in Social Networks: Conceptual clarification [J], 1979(3).

[33]Garavelli A. C. , Gorgoglione M. , &. Scozzi B. Managing knowledge transfer by knowledge technologies [J]. *Technovation*, 2002, 22(5).

[34] Gilbert M. &. Cordey-Hayes M. Understanding the process of knowledge transfer to achieve successful technological innovation[J]. *Technovation*, 1996, 16(6).

[35]Gupta A. K. , &. Govindarajan V. Knowledge flows with in multinational corporations[J]. *Strategic Management Journal*, 2015, 21(4).

[36]Haythornthwaite C. Online Personal Networks: Size, Composition and Media Use among Distance Learners [J]. *New Media &. Society*, 2000, 2(2).

[37]Levin D. & Cross R. The strength of weak ties you can trust: The mediating role of trust in effective knowledge transfer[J]. *Management Science*, 2004, 50(11).

[38]Palonen T. & Hakkarainen K. Patterns of interaction in computer-supported learning: A social network analysis. In B. Fishman & S. O' Connor-Divelbiss. *Fourth international conference of the learning sciences*[C]. Mahwah, NJ: Erlbaum, 2000, 334-339.

[39]Reagans R. & McEvily B. Network structure and knowledge transfer: The effects of cohesion and range[J]. *Administrative Science Quarterly*, 2003, 48(2).

[40]Russo T. C. & Koesten J. Prestige, Centrality, and learning: A social network analysis of an online class[J]. *Communication Education*, 2005, 54(3).

[41]Sié L. & Yakhlef A. Passion and expertise knowledge transfer[J]. *Journal of knowledge management*, 2009.

[42]Simonin B. L. Ambiguity and the proeess of knowledge transfer in strategic alliances[J]. *Strategic Management Jounral*, 1999, 20(7).

[43]Song S., Nerur S. & Teng J. T. C. An exploratory study on the roles of network structure and knowledge processing orientation in work unit knowledge management[J]. *Acm Sigmis Database*, 2007, 38(2).

[44]Sparrowe R. T., Liden R. C. & Wayne S. J. Social networks and the performance of individuals and groups [J]. *Academy of Management Journal*, 2001, 44(2).

[45] Scott J. *Social network analysis: A handbook* [M]. Thousand Oaks: Sage Publications, 2000.

[46] Szulanski G. Exploring internal stickiness: Impediments to the transfer of best practice within the firm[J]. *Strategic Management Journal*, 1996, 17(2).

[47] Szulanski G. The process of knowledge transfer: A diachronic analysis of stickiness[J]. *Organizational Behavior and Human Decision*

Processes，2000，82(1)．

[48]Tapola A. ，Hakkarainen K. & Syri J. ，et al. Motivation and participation in inquiry learning with a networked learning environment [DB/OL]. In Dillenbourg P. ，Eurelings A. ，& Hakkarainen K. (Eds.)European Perspective on Computer-Supported Collaborative Learning. Proceeding of the first European conference on CSCL；Mclvhan Maastrict，the Netherlands：Maastrecht-McLuhan Institute，2001：585-592．

[49]Uwe W. ，Heike F. & Maximiliane W. Cultural charcateristics of knowledge transfer[J]. *Journal of Knowledge Management*，2009．

[50]Wasserman S. & Faust K. *Social network analysis：Methods and applications*. Cambridge：Cambridge University Press，1994．

[51]White H. C. ，Boorman S. A. & Breiger R. L. Social structure from multiple networks. I. blockmodels of roles and position[J]. *American Journal of Sociology*，1976，81(4)．

[52]Wang Y. & Lu L. & Lucy L. Knowldege transfer through effective university-induestry interactions [J]. *Empirical experiences from China*，2010．

第6章 大数据的知识发现展望

6.1 基于大数据的知识发现面临多重挑战

随着基于大数据的知识发现在教育学等各个领域的广泛应用，其在技术层面和实际应用层面等多方面至少面临着七大挑战。

6.1.1 大数据的定义与存储规范缺乏统一标准

大数据的定义与存储规范目前缺乏统一标准。一方面，大数据的科学定义、大数据的结构模型、大数据的形式化表述、数据科学的理论体系在学术界还没有达成共识。目前并没有一个形式化、结构化的描述，无法严格界定并验证什么是大数据（张引，陈敏，廖小飞，2013）；另一方面，由于大数据来源广泛，数据的形式多种多样，其存储标准在不同系统中也各不相同。特别是目前大数据中数量越来越庞大的视频和音频等非结构化数据，有很多不同的数据格式与编码方法，这更是加重了大数据的存储成本和分析成本。大数据在不同系统间存储形式的不一致，给大数据在存储节点间的转移与整合，大数据的预处理以及后续的分析工作都带来了诸多挑战。例如，不同的数据存储系统数据格式和编码不统一，会造成在不同系统间的数据，特别是不同来源的结构化和非结构化数据共享的困难。此外，在数据清洗时，进行整合的结构化与非结构化数据可能丢失（Daniel，2015）。

在大数据标准化方面，目前最为实质性的工作是由国际标准化组织（International Organization Standardization，ISO）、国际电工委员会（International Electrotechnical Commission，IEC）和第一联合技术委员会（Joint Technical Committee1，JTC1）共同成立的大数据研究组进行的，同时美国国家标准技术研究所（NationalInstitute of Standards and Technology，NIST）牵头，也系统地开展了大数据架构、数据格式和安全需求等方面的研究。此外，我国的全国信息技术标准化技术委员会也开展了国内数据标准化工作，在元数据、数据库、数据建模、数据交换与管理等领域推动相关标准的研制与应用，为提升跨行业领域数据管理能力提供标准化支持（廖建新，2015）。但是，由于大数据是一项新兴技术，国内外相关标准的研制总体上还处于起步阶段（Chandarana & Vijayalakshmi，2014），未来还需要一段很长的时间解决当前面临的问题。

6.1.2　非结构化数据处理技术的复杂性

非结构化数据处理技术是大数据时代的技术挑战。如何从形形色色的非结构化数据中，提取出有用的、可以量化或分类的信息是当前大数据分析技术面临的严峻挑战（周涛，2016）。当前，非结构化数据的总量已远远超过结构化数据，2014 年新增数据中非结构化数据占数据总量的 80%，2015 年该比例超过了 85%，预计到 2020 年之前非结构化数据将以 44 倍的速度迅猛增长。非结构化数据形态各异，涵盖了图片、视频、音频、文本和用户轨迹等不同形态，非结构化数据往往与专业领域知识密切相关，所以很难找到一种普适性的、统一的将非结构化数据转化为结构化数据的数据转化方法。同时，不同形态的非结构化数据需要采用不同的数据挖掘和分析方法实现不同的价值诉求，只有解决非结构化数据的分析困难，才能有效挖掘这些数据背后的价值。

教师在线实践社区中，目前主要包含 3 种形态的非结构化数据：课堂教学的视频案例数据、教师教案/讨论帖/反思日志等文本数据，以及反映研修教师互动的社会网络数据。随着数据采集技术的不断发展和应用，如手机和可穿戴设备的应用，未来教师在线实践社区将会包含更多形态的数据服务与知识发现。例如，通过可穿戴设备可以记录教师课堂的动作轨迹进而分析教师的教态、情绪等。这些不同形态的专业领域中的大数据只能采用不同的结构化处理方法进行数据的转化：课堂教学的视频数据采用编码体系与记号体系两种视频案例分析法，可以实现对非结构化数据的转化；文本数据主要可以采用实践性知识编码等内容分析法，进行数据结构化的处理；而社会网络数据则需要采用社会网络分析方法进行数据的转化。目前，上述结构化处理方法都需要大量的人力参与，这在某种程度上降低了数据处理的效率和准确性。如何实现非结构化数据处理的自动化，从而降低人工成本，同时提高数据处理的效率是未来急需解决的问题。

6.1.3 大数据存储与数据冗余问题

传统的数据采集、转换和存储的方法与技术已无法满足人们的需求。对于海量数据的采集以及转换，单纯凭借人工很难完成，需要人们发展和应用自动化、智能化更高的方法与技术。例如，语音识别技术应用于话语分析，可以有效地提高对教师课堂教学行为大数据分析的效率；而随着语义分析技术的不断发展与成熟，其对提升内容分析法的效率将会起到越来越大的作用。对于海量数据的存储，其成本也是一个不可忽视的问题。

要高效低成本地存储海量数据，首先要面对消除大数据中的冗余问题。大数据的冗余通常来自两个方面：一方面，大数据的多源性导致了不同源头的数据中存在相同的数据，从而造成数据的绝对冗余；另一方面，就具体的应用需求而言，大数据可能会提供超量特别是超精度的数据，这又会形成数据的相对冗余(李国杰，程学旗，2012)。在不影响数据存储的可靠性前提下，如何消除大数据中的冗余是降低大数据存储成本面临的一个挑战。此外，发展和完善分布式文件存储系统等数据存储技术，以及设计最合理的分层存储架构也是实现大数据高效低成本存储的关键(李国杰，2012)。

6.1.4　数据质量问题

大数据面临严重的数据质量问题。在解决大数据存储、传输、处理的相关问题，建立数据中心基础架构、实现大数据标准化规范的过程中，数据质量始终是无法忽视的问题(李默涵，李建中，高宏，2012；刘波，耿寅融，2012)。

在大数据背景下，数据质量的管理主要面临三方面的挑战。首先，计算困难。大数据规模巨大，而且增长速度快，因此，大数据的质量管理需要时间和空间复杂性为线性甚至亚线性的算法，也需要相应并行算法加快计算速度。如何设计时空有效的大数据质量管理算法是第一个挑战性问题。其次，混杂错误。大数据的多样性导致其出现错误的根源复杂，加之大数据在存储和通信过程中造成的错误，可能出现多种类型错误混合并相互影响的情况。而错误的多个方面并非独立，会产生关联，如精确性会影响一致性、实体同一性和时效性关联等。检测与修复相互影响的多种错误是大数据质量管理面临的第二个挑战性问题。当前的数据质量管理方法通常针对某个特定类型的错误提出，缺少对错误之间关联的认知，也缺少多种错误混合发生时的错误检测与修复以及查询处理技术。最后，知识缺少。大数据规模巨大，来源多样，难以认知其全貌，从而难以全面认识大数据的语义。当前大多数数据质量管理方法需要专家用户指定规则和相关参数，而自动错误检测修复和规则学习算法需要主数据或清洁的训练集。就大数据而言，一方面，聘请专家维护主数据成本很高；另一方面，缺少自动选取有效训练集的算法。因此，当前数据质量管理算法难以直接应用于大数据的质量管理。要解决以上三方面的问题，并行数据质量管理，引入用户工作的众包技术等数据质量管理方法与技术的发展与完善都是非常重要的(王宏志，2014)。

6.1.5　数据挖掘技术面临的挑战

在基于大数据的知识发现中，由于大数据具有时效性，对于分析处理的速度要求越来越高。传统的数据挖掘技术在数据维度和规模增大时，需要的资源呈指数增长，面对 PB(Petabyte)级以上的海量数据，NlogN 甚至线性复杂度的算法都难以接受，所以对大数据的数据挖掘处理，迫切需要更简单有效的算法和新的问题求解方法(陶雪娇，胡晓峰，刘洋，2013)。此外，由于大数据有数据量庞大、数据的价值密度相对较低的特点，故对数据挖掘的方法与技术有了更高的要求。人们已经不满足于传统的回归分析等统计学的分析方法。

在近几十年的研究中，研究人员普遍发现，基于人工神经网络结构的深度学习技术具有很好的学习能力和应用空间。由于深度学习技术的成熟依赖于对网络训练方法理论的创新，而现有深度网络所存在的诸多问题，需要理论方面的突破性进展才能得到真正的解决。深度学习模型之所以存在训练方面的困难，一个主要的原因在于深度网络使用了非线性神经元结构，而非线性系统虽然具有更好的拟合目标函数的能力，却较难利用基于梯度的算法进行优化训练。如果能够找到更好的求解策略或网络结构，将对深度学习技术的研究与应用产生举足轻重的影响。此外，基于梯度的训练算法对随机初始化的深度神经网络结构收效较差，容易陷入局部最优而导致性能下降，这一现象引出了一系列半监督训练策略等算法及其变形。深度学习技术依然需要在训练算法、并行性优化等方面大幅度提升现有技术水平才能更好地服务大数据的数据挖掘与知识发现(廖建新，2015)。

6.1.6 知识发现中组织与机构的协作问题

知识发现应用领域中的组织、机构和用户之间的协作面临挑战。除了方法与技术层面的挑战，基于大数据的知识发现能否取得理想的成果还取决于相关领域的组织、机构能否很好地协作(U. S. Department of Education，2012)。目前在教育学领域，了解如何提取数据、数据的可用人群，与了解哪些数据是需要的、如何更好地使用数据是不同的。如何让掌握信息技术的个人与机构更好地参与到教育学大数据的收集与应用过程中，对于基于大数据的知识发现在教育领域的成功应用至关重要（Daniel，2014）。

6.1.7　数据安全与隐私保护的问题

应用大数据进行数据挖掘与数据分析，面临着安全与隐私方面的挑战。从基础技术角度来看，大数据依托的基础技术是 NoSQL，即非关系型数据库。当前广泛应用的 SQL，也就是关系型数据库技术，经过长期的改进和完善，在维护数据安全方面已经可以设置严格的访问控制机制和丰富的隐私管理工具了。而在非关系型数据库技术中，此领域还处于空白阶段。由于大数据的数据来源和承载方式多种多样，所以很难定位这些数据和保护所有机密信息。此外，非关系型数据库允许不断对数据记录添加属性，其前瞻安全性变得非常重要，这对数据库管理员也提出了新的要求（李满意，2012）。

另外，数据分析技术的发展，对保护个人隐私的不利影响也不容忽视。在大数据时代，外部数据商不断通过各种渠道与技术手段挖掘个人信息。人们发送到互联网上的各种数据，以及自身的位置信息等各种信息有可能在不知情的情况下被他人获取。而这些数据在组合后，能通过数据分析技术进一步被解析，得出一些可能涉及甚至侵犯个人隐私的分析结果。目前，在大数据的数据采集过程中，数据的所有权、使用权的归属也往往不是很明确。因此，在应对大数据时代下如何保护个人隐私的挑战时，除了发展数据发布匿名保护技术、社交网络匿名保护技术等相关技术，相关的法律法规的制定与完善也很关键。具体到教育学领域，虽然大多数高等教育机构都有数据规范和管理知识产权的政策、保护数据隐私和控制对数据的访问等规定与机制，但是这些政策可能不足以应对那些因数据使用而产生的安全与隐私挑战（Prinsloo & Slade，2013）。

6.2 基于大数据的知识发现的发展趋势

6.2.1 基于大数据的知识发现相关技术的发展趋势

（1）大数据知识发现的标准化

在大数据知识发现过程中，大量的人力资源用于数据的准备、处理和分析。不同应用平台之间的数据集成非常困难。据统计，在数据分析中至少 70%～85% 的工作用于数据清理、格式化和数据对齐等基础性工作。不同应用平台中的数据编码和格式不统一，造成了不同应用平台之间的数据共享困难，无法形成统一的数据平台。因此，数据标准化是未来教育领域知识发现的一个重要问题，研究、制定、推广和应用统一的数据分类、记录格式、转换编码等标准，才能减轻数据预处理带来的繁重负担。

知识发现与数据挖掘过程模型在其研究取向多元化、发展竞争与融合的过程中，最终确立了以数据为中心的跨行业数据挖掘标准流程（Cross-Industry Standard Process For Data Mining，CRISP-DM）为参考模型。但是，目前很多数据挖掘软件和系统之间并不兼容，用户需要在各种数据和挖掘方法中进行人工的数据转化和数据控制，无法实现不同数据挖掘系统之间的相互操作和兼容。因此，未来的知识发现与数据挖掘系统需要采用更科学、更规范、适应性更强的知识发现和数据挖掘的新一代过程模型，为没有背景知识的用户提供自动的或者实现一些半自动化的知识发现服务（吴兰岸，刘延申，刘怡，2016）。

（2）大数据知识发现的智能化

1956 年，在美国达特茅斯（Dartmouth）大学召开的学术会议标志着人工智能的诞生。迄今为止，人工智能发展了 70 多个年头，期间几经沉浮。2016 年，阿尔法围棋（AlphaGo）与世界顶级围棋高手李士石的人机大战，掀起了人工智能的新浪潮。目前，人工智能的发展和应用得益于两个亮点。

首先是计算机硬件性能的提升；其次是依靠云计算、大数据为代表的计算技术的快速发展，这使得信息处理的速度和质量大大提高，可以快速处理海量的数据。人工智能技术已经在社会各个领域得到了广泛的应用。

中国计算机学会在发布的《2015 年大数据发展趋势预测》中提到，结合智能计算的大数据分析将会成为未来的热点。美国斯坦福大学人工智能研究中心的尼尔逊(N. J. Nilsson)教授认为，人工智能是关于知识的学科，即人工智能是怎样表示知识、怎样获得知识并且怎样使用知识的科学。知识发现的核心是从数据中提取价值，体现在从大数据中获取更准确、更深层次的知识，而不是对数据的简单统计分析。要达到知识发现的目标，需要提升对数据的认知计算能力，让计算系统具备对数据的理解、推理、发现和决策能力，其背后的核心技术就是人工智能。基于大数据的知识发现作为一种大数据分析方法，其目的是从海量的数据中，识别有效的、新颖的、潜在有用的以及最终可以理解的知识。知识发现的智能化将结合人工智能的相关技术，为知识发现过程提供智能化服务，如智能网上助学者、数据的智能选择和解释等，从而提高知识发现的效率和知识的质量。

(3)大数据知识发现的可视化

可视化通过把复杂的数据转化为可以交互的图形，帮助用户更好地理解分析数据对象，发现、洞察内在的规律，从而极大地拉近数据和用户的距离。人类从外界获得的信息约有 80％以上来自视觉系统，一图胜千言，当大数据以直观的可视化图形方式展现的时候，利用人眼的感知能力可以洞悉数据背后隐藏的信息，并可将其转化为知识(崔迪，郭晓燕，陈为，2017)。在知识发现过程中，应用可视化分析技术提供知识发现的两类可视化服务有可视化分析和可视化呈现。可视化分析是知识发现过程的可视化服务，它将知识发现的数据采集、数据挖掘、知识重组流程的每一步以可视化的形式呈现和进行，借此提高信息和知识在知识分析人员和知识发现流程之间交流的方便性，同时为知识分析人员提供分析工作的支持性服务。可视化呈现是指将某种知识的呈现可视化，即将知识发现的结果以可视化的形式呈现出来，帮助人们更加直观地理解教育数据，进而帮助知识的获取和进一步创生。可视化分析与可视化呈现由于方法新颖目前正在逐渐被广泛应用，可视化技术的应用将大幅提高大数据知识发现的易用性和有效性。

6.2.2 大数据知识发现促进知识生产的变革

社会创新的引擎是知识创新，知识创新是教育的基本社会责任之一。传统的知识生产方式是通过权威思辨出来的结果，知识生产、获取、传播、评价的方法正在发生着深刻的变革。传统的知识生产主要以个体性、思辨性、整体性为特征，如以孔子、庄子、老子为代表的诸子百家的知识生产过程。伴随信息技术的发展、社会需求的变化以及科技作用的日益凸显，知识的生产方式发生了根本的变化，知识的生产更多的是问题导入的情境性的，而不是内在自主性的或是先验解放性的。知识生产的全球化、去个人化和去地方化特征明显，知识的传播和应用也更加开放和便捷(钱志刚，崔艳丽，2012)。当前，基于大数据的知识生产的工具主要是计算机技术，尤其是以知识发现、人工智能技术为代表的大数据分析技术的应用已经为知识的生产带来了新的发展，为知识的生产、传播、分享、转移和创新提供了必要的保障。

通过知识发现的应用可以发现，知识发现是一种新的探究性学习、研究性学习、知识创新与创造的方法，是培养知识经济时代具有创新思维、创新能力的终身学习型人才的一种有效途径(吴兰岸，刘延申，刘怡，2016)。尽管基于大数据的知识发现技术，发现和生成新知识的研究已经在教师在线实践社区中开展与实施，但总体而言，研究方向还主要集中在教师行为分析、教师教学支持与决策等方面，研究与实践的结果主要以发现解释性的信息或知识为主，而发现、生成新知识或者形成智慧的研究还有很大的空间，知识发现的优势还未得到充分的彰显。未来知识发现的重点会侧重于知识的重组、新知识的生成、知识的形成，以使知识发现真正成为服务于知识生产的有效途径。

6.2.3　基于大数据的知识发现服务应用领域的细分

知识发现最早来源于计算机领域，随着技术的不断成熟，被广泛应用到各个领域。知识发现过程具有学科交叉性、应用多样性，这使其在不同的领域、不同类型的任务中具有不同的执行步骤、数据挖掘技术和具体的分析算法。在教育领域中，现有的知识发现过程通常所采用的技术比较简单，基本采用已经成熟的数据挖掘算法，很多研究直接应用已经封装好了的分析工具，没有根据具体的应用和场景来改进知识发现的相关技术，即没有形成一套专用的知识发现方法和模式。基于大数据的知识发现要结合领域知识，单纯的数据分析可能会找到很多规律，但是这些规律未必具有实际价值，不能用在具体的领域中。只有当数据结合具体的专业领域的知识时，才更容易形成精准的领域知识模型，从而产生知识发现的价值（郭平，王可，罗阿理，等，2015）。在教育实践中，知识发现的发展和应用需要在具体的应用领域中通过探索、试验、积累、反思来实现质的提升，以完成不同领域中对大数据知识发现的继承与进一步创新。因此，未来基于大数据的知识发现服务在教育领域中会进一步细分，逐渐形成不同的研究领域、服务领域和模型应用领域，丰富基于大数据的知识发现服务。

6.2.4　基于大数据的知识发现中的信息安全问题将成为关键

大数据应用所带来的信息安全问题十分严峻。当大数据技术、系统和应用聚集了大量有价值的信息时，大数据的过度滥用所带来的最典型的问题是个人隐私的泄露。大数据应用所带来的信息安全问题会使人们对大数据应用可能带来的负面价值产生担忧，故是大数据继续发展亟待解决的问题。

中国计算机大会每年发布的大数据发展趋势报告最近连续 4 年将大数据的安全和隐私作为大数据未来的发展趋势，说明安全和隐私问题已经成为制约大数据发展的重要因素。大数据知识发现作为大数据分析方法的一个重要组成部分，除了注重大数据应用共性的安全问题（如平台安全、网络安全和隐私问题等）外，还需要注意知识的安全和知识产权保护等新问题。大数据的知识发现是知识发现、传播、应用和创新的重要途径，其中知识的安全不容忽视。在知识发现过程中的知识安全问题包括在知识生产、应用、传播、共享的过程中对知识的恶意披露、窃听、损毁或破坏，未经允许擅自修改知识生产和应用的程序等。基于大数据的知识发现所涉及的知识安全，需要通过相应的安全技术的应用与法规的制定为知识发现服务保驾护航。

【本章参考文献】

[1] 崔迪，郭晓燕，陈为. 大数据可视化的挑战与最新进展 [J]. 计算机应用，2017，37(7).

[2] 郭平，王可，罗阿理，等. 大数据分析中的计算智能研究现状与展望 [J]. 软件学报，2015，26(11).

[3] 李国杰. 大数据研究的科学价值 [J]. 中国计算机学会通信，2012，8(9).

[4] 李国杰，程学旗. 大数据研究：未来科技及经济社会发展的重大战略领域——大数据的研究现状与科学思考 [J]. 中国科学院院刊，2012，27(6).

[5] 李满意. 大数据安全 [J]. 保密科学技术，2012(9).

[6] 李默涵，李建中，高宏. 数据时效性判定问题的求解算法 [J]. 计算机学报，2012，35(11).

[7] 廖建新. 大数据技术的应用现状与展望 [J]. 电信科学，2015，31(7).

[8] 刘波，耿寅融. 数据质量检测规则挖掘方法 [J]. 模式识别与人工智能，2012，25(5).

[9] 钱志刚，崔艳丽. 知识生产视域中的学科制度危机与应对策略 [J]. 中国高教研究，2012(10).

[10]陶雪娇，胡晓峰，刘洋. 大数据研究综述[J]. 系统仿真学报，2013(S1).

[11]张引，陈敏，廖小飞. 大数据应用的现状与展望[J]. 计算机研究与发展，2013(S2).

[12]王宏志. 大数据质量管理：问题与研究进展[J]. 科技导报，2014，32(34).

[13]吴兰岸，刘延申，刘怡. 欧美国家知识发现与数据挖掘过程模型研究及其教育应用启示[J]. 远程教育杂志，2016(3).

[14]周涛. 为数据而生[M]. 北京：北京联合出版公司，2016.

[15]Chandarana P. & Vijayalakshmi M. Big data analytics frameworks[C]. Proceedings of 2014 International Conference on Circuits, Systems, Communication and Information Technology Applications (CSCITA), Mumbai, India, 2014.

[16]Daniel B. Big Data and analytics in higher education：Opportunities and challenges[J]. *British Journal of Educational Technology*，2015，46(5).

[17]Prinsloo P. & Slade S. An evaluation of policy frameworks for addressing ethical considerations in learning analytics[C]. International Conference on Learning Analytics and Knowledge，2013.

[18]U. S. Department of Education Office of Educational Technology. Enhancing Teaching and Learning Through Educational Data Mining and Learning Analytics：An Issue Brief[R]. Washington，D. C，2012.